LE PEUPLE ROI

A JAMAIS;

OU

LE PEUPLE NOUVEAU ET LA TERRE NOUVELLE:

Populum laté Regem,...belloque superburg. Virg. Æn
Et in ruinis regum suorum. Ezch. LIII, 7

Aflige opprimentes nos ; Constitue Povulum in Loc
Sancto. 2 Machab. 1, 29.

Et Ipsi Populus Domini erunt... Ecce Nova fucio
Omnia. Apoc. XVI, 18; XXI, 4, 5.

———— ❦ ————

Édition abrégée, à l'usage du plus grand nombre.

———— ❦ ————

PARIS,
GARNIER, FRÈRES, PALAIS-NATIONAL.
ROME,
PIERRE MERLE, PLACE COLONNE.
—
1850.

A. M. Populi D. G.

M.

PARIS, IMPRIMERIE DE J. B. GROS,
rue du Foin-St-Jacques, Hôtel de la Reine Blanche, 18.

Publication simultanée.

___

LA GRANDE APOSTASIE

DANS LE LIEU SAINT,

seule explicative du Monde, et justificative des Républiques sociales qu'elle veut arrêter.

Avec cette épigraphe :

Multi venient *in Nomine Meo,* dicentes : *Ego sum Christus.*　　Matth. xxiv, 5.
Abominatio *in Loco Sancto.* 15.

Un beau volume de luxe, compacte, offrant la matière de dix volumes ordinaires.

LE PEUPLE ROI A JAMAIS.

Ier. La tranquillité, la bonté et l'excellence natives du Peuple-sujet.

> Judicabit pauperes populi, et humiliabit calumniato-
> rem. Liberabit *Pauperem* a *Potente* et Pauperem cui
> nou erat adjutor... Et *honorabile nomen* eorum co
> ram illo. Ps. LXXI.

Bonaparte a dit, et pour cause : Tacite *a calomnié Néron*.
C'est le Peuple seul qui a été calomnié toujours.

Le plus petit des services du Peuple, le *serviteur des servi-
teurs* par excellence, c'est sa double fécondité humaine et ter-
restre. Il a donné son nom à la *Population* (*) ; et les grands
et les *propriétaires*, ingrats et méchants, avares de leur force
virile, presque autant que de leur or, n'ont pas craint de
lui en faire un crime, en lui donnant l'épithète de *prolétaire* !
Il a aussi donné son nom (tout est figure, afin que tout soit
beauté dans la nature) à l'arbre qui se rapproche le plus du
ciel, et occupe le moins de terre : le *Peuplier*.

En morale, en vertu, en sacrifice, en martyre, en sainteté
même proprement dite (nous allons, avec un simple essai
historique, élever cette vérité à la puissance de l'éclat) le
Peuple est, encore mieux, le grand maître réel de ses maitres
apparents. En sorte qu'il est naturellement, et rationnellement,
la meilleure part de la société.

La cause en est aussi visible que simple , c'est qu'il est, par
sa nature, *passif*, à la différence des pouvoirs, des grands et

(*) Le nom de *Nation* (de *nati*) lui-même, et surtout celui de *Gentes* (*gene
runtes*) et de Gentils, n'ont pas d'autre source.

des riches, qui sont *actifs* dans l'ambition et la cupidité : et cela, parce qu'ils sont toujours en *flagrant délit* de corruption, étant *supérieurs*, ce qu'on n'est jamais sans volonté plus ou moins ardente, plus ou moins secrète, plus ou moins *superbe*.

Le Peuple, au contraire, et surtout les classes du peuple considérées comme les dernières, les pauvres, les *Journaliers*, les infirmes, les femmes, les enfants du peuple, le plus grand nombre, du moins, et précisément parce qu'il est *passif* et passible des pouvoirs, dans les grandes erreurs et dans les grands crimes, est, bien plus qu'on ne croit, et qu'il ne croit lui-même, *actif* en équité, et même en charité, et en raison supérieure.

Pris à son naturel, et à sa vie commune, l'homme du peuple, et surtout le *bon ouvrier* (le *Domestique* est gâté par le maître) a, toutes choses égales, plus de foi, plus de crainte de Dieu, que l'homme de gouvernement ; et avec la foi, il a tout le reste. L'obéissance elle-même au plus mauvais maître (si difficile au maître le meilleur) lui devient comme un besoin. A ce point, qu'il est le premier à demander à Dieu jusqu'aux *Rois* qui doivent le mettre à toutes les sortes de contributions.

Dans les premiers temps du monde, les plus innocents et les meilleurs, lorsque, nul n'osant être Roi, les plus osés n'étaient que *Juges* (quelquefois pour séduire et corrompre la noble Susanne), le peuple (l'Esprit-Saint lui rend cette justice de la façon la plus magnifique) savait obéir jusqu'à se faire tout entier *comme un seul* homme : *Populus quasi Vir unus*. I Esdras III, 1. (v. Num.. XIV, 15 ; Deuter. XXXI, 12 ; Josué, XXII, 20 ; Judic. XXII).

Cette glorification du peuple qui se retrouve quelque peu sous les Machabées, vraiment républicains (*Populus unus*. I. 43) (le contraste ici est frappant), manque presque toujours sous les *Rois*, même les meilleurs.

Est-ce jamais le peuple, même de nos jours (c'était bon au Prêtre Genoude), qui fît appel au refus de l'impôt ?

Et cependant, c'est lui qui, relativement, reçoit le moins et paye le plus, même en argent, aux gouvernements. Malgré toutes les lois, hypocrites à cet égard, c'est lui seul qui souffre avant, pendant, et après les révolutions ; lui seul qui porte le poids du jour et de la chaleur ; lui seul qui paye l'impôt *du sang !* Et son officier n'est pas toujours sûr des Invalides, ni son soldat de l'hôpital, où

> Ils aiment à l'envi leur ingrate patrie,
> Que l'un a défendue et que l'autre a nourrie.

Ce que feu Bonald, le courtisan, disait des *Rois de France*, n'est vrai que du peuple de France : « Lorsqu'un d'eux s'est trompé, on pouvait toujours trouver derrière lui l'homme qui te trompait. »

Les *Princes du sang* sont habituellement *roués*. Le peuple, au contraire, est naturellement, comme Dieu veut qu'on soit, trompé, jusqu'à être *refait;* dupe., jusqu'à se laisser faire victime.

Le Peuple en général, et son nom latin de *Populus* semble surtout le dire (*), est, comme à lui seul, la nation, la société, le père, la *Patrie*, le *Pays*,... la *Papauté* !

Le Peuple, en particulier, n'est pas moins beau. Quel *Congrès*, quelle *Sainte Alliance* de Rois, pourraient se comparer, si ce n'est comme contrefaçon, jadis au *Peuple romain*, et depuis au *Peuple français :* véritables *Peuples-rois*, et même rois universels : *Populum latè Regem* ? Et ceux-là toutefois disparaissent et s'humilient, on peut le dire, devant cet autre *Peuple*, unique et immense, que tous les peuples de l'univers, ennemis et amis, ont nommé à l'envi, aussi bien que l'Esprit Saint, le *Peuple de Dieu*.

Et cette démonstration sublime du *Peuple*, disparaît avec les *Juges*. Les *Rois* supplantant Dieu, le *Peuple de Dieu* est devenu le peuple *de l'Homme*.

Le *Peuple de Dieu !* la seule personnification de la terre (cela n'est pas dit de celles du Ciel) à laquelle Dieu lui-même (**), et incessamment, dans tout le cours de l'Ecriture, donne les noms ineffables : « Mon peuple (***) » : *Popule Meus !*

(*) Le nom de *Peuple*, dans la plus *franche* des langues, emporte peut être le caractère le plus élevé du *peuple :* sa pauvreté, son humilité, sa *paucité*, si on peut le dire. Il n'appartenait qu'à un courtisan de Roi de dire le mot fameux : *Peuple... de peu !*

C'est encore un *Roi*, un *roué*, apparemment, qui a réduit le *peuple*, en *plèbe*, en *populace*, en *roture*... Mais l'Esprit Saint avait réhabilité d'avance le *plébéien*, en l'appelant le plus pauvre de son peuple : *de plebe pauperum.* JEREM. XXXIX, 10.

... Les noms donnés, infligés par les rois sont devenus presque aussitôt synonymes de *tyrannie*, de *despotisme*, et comme de *mort* : *Monarchie, Royaume, Empire.* — La *Démocratie* (le grec était menteur, et je le crains même dans sa véracité) nous a toujours paru d'un fâcheux radicalisme. — La *République* en général, et les *Etats-Unis* et la *France* en particulier, sont les seuls beaux noms du Peuple.

(**) Il y a tel roi exceptionnel, ou plutôt tel contre-roi, tel enfant de Dieu, tel sujet-Dieu, Louis XVI, qui, lui aussi, a pu dire, de la France, comme Dieu d'Israël : *Mon peuple !* se pourvoir à son peuple calme, du jugement de son peuple passionné, dans un *Appel au Peuple*, qui a été entendu...

(***) Aussi n'a-t-il laissé détruire Jérusalem de fond en comble, que pour la rendre, de couverte du sang de son Fils, blanche comme la neige. Et il n'a laissé se disperser ses premiers enfants, ceux qu'il a le plus aimés, que pour les voir revenir un jour, prochain peut-être, *Tous.* (Voyez, sur ce grand point, les mille et un *Omnes* ou *Universi* unis au nom d'*Israël* dans tous les Prophètes...)

Dieu n'humilie jamais, et ne laisse humilier son peuple, que pour l'élever. Et c'est saint Paul aussi qui le rappelle, dans ses courses internationales : *Et Plebem exaltavit.* ACT. XIII, 17.

C'est une dernière preuve de la bonté native et sociale d'un peuple, même le

Dieu, en effet, n'a jamais dit : *Mes Rois* ; et, de David lui-même, il n'a pas dit : *Mon Roi*...

Si *un seul* chrétien est *Christ* (*Omnis Christianus Christus*), selon le mot célèbre et consolant de saint Augustin, que ne doit pas être *un Peuple* de chrétiens? Ce que l'Esprit-Saint dit lui-même, dans ces belles paroles de saint Paul *aux Romains*, IX, 26 : In loco ubi dictum est eis : *Non Plebs mea vos*, ibi vocabuntur *Filii Dei Vivi*.

Vous, puissants, riches, qui, aveugles à la parole de Dieu et à la nature de l'homme, vous refusez à reconnaître, et ne craignez pas de nier la supériorité religieuse et politique de ce *Peuple*, que vous croiriez peut-être sauvage sans vous, expliquez-nous, dans votre opinion, le fait, le plus historique des faits, des choix, si exclusivement populaires, faits par le Sauveur, et puis par ses apôtres, des hommes appelés à renouveler la face de la terre !

Le mal n'était que dans les premiers pouvoirs, dans les grands enfin, les plus opposés au peuple : le remède ne pouvait venir, après Dieu, et de par Dieu, que du peuple ; et de ce peuple romain même, que l'Orateur romain appelle, dans le plus grave de ses livres, les *Tusculanes* : *Maximus Magister Populus*.

Et d'abord, le Sauveur lui-même annonce de toutes les façons la prédestination populaire ; et en particulier dans la célèbre parabole, en saint Luc, XIV, de l'Homme généreux qui, ayant préparé un grand souper (la Vulgate, aussi vraie que les Sacy et les Genoude ne le sont pas, dit : une grande *Cène* : *cœnam magnam*), invita un grand nombre à y venir : Et vocavit *multos*. L'heure de la cène venue, il envoya son serviteur chercher les conviés. Mais *tous* s'excusèrent : *omnes*. Le premier dit : J'ai acheté une campagne, et il est nécessaire que j'y aille ; le second : J'ai acheté des bœufs de charrue, et j'ai à les essayer ; etc. Alors le Père de famille se mit en colère, et dit à son serviteur : Allez, et vite, dans les places et dans les rues, et amenez-moi les pauvres, etc. — Ce que vous avez commandé, seigneur, est fait ; mais il y a encore des places de reste. — Alors, allez dans les chemins, et le long des haies ; et forcez, s'il le faut, les gens (on dirait les voleurs), afin que ma maison soit pleine : car, je vous l'assure, aucun de ces hommes que j'avais conviés ne goûtera de mon souper. » Et l'Esprit-Saint ajoute tout de suite : « Les foules du peuple allaient avec Jésus : *Ibant turbæ multæ cum eo.*

plus corrompu et le plus royaliste, que son salut général dans les plus grandes catastrophes de la nature ou de l'humanité. Dieu, à bout, condamne quelquefois une grande *capitale* (jadis Babylone, ou Jérusalem ;.. et, à distance, Londres en 1666 ; Lisbonne, en 1755 ; Moscow, en 1812. Il ne condamne un *Peuple*, jamais.

Aussi, voyez-vous, depuis la naissance de saint Jean-Baptiste, jusqu'à la mort du Sauveur, le peuple, comme en masse, assistant, et même priant, à toutes les grandes choses du christianisme. *Et omnis multitudo populi erat orans foris.* Luc. I, 10. Les apôtres étant appelés, le peuple qui les suivait était encore plus immense : *Et multitudo copiosa plebis ab omni Judæá,* etc. Luc. VI, 17.—Lorsque le Sauveur prêcha, pour la première fois, la grandeur de saint Jean-Baptiste, il est dit que tout le peuple l'écoutait : *Et omnis populus audiens.* Luc. VII, 29. — Lors surtout que les ennemis de Jésus-Christ (*Archisynagogus*) et les prêtres du Temple, aux reproches de Jésus-Christ, étaient indignés (*indignantes*), et rougissaient tous de honte (*erubescebant omnes* adversarii ejus), on voyait le peuple faire éclater sa joie : *Et omnis populus gaudebat* in universis quæ gloriosè fiebant ab eo. XIV, 14, 17. — Une autre fois, et précisément lorsque le Sauveur, indigné à son tour, chassa du Temple, les Prêtres marchands, et que ceux-ci préméditèrent leur dernière vengeance (*et principes plebis quærebant illum perdere*) : il est dit que le peuple fut ravi et comme suspendu d'extase en l'écoutant : *Omnis populus suspensus erat, audiens illum.* XIX, 47, 48.

Et tout le peuple venait dans le Temple de grand matin, et même la nuit, pour écouter le Sauveur : *Et omnis populus* manicabat ad eum in Templo audire eum. XXI, 38.

L'Esprit-Saint a pris soin de marquer la foi, l'espérance et la dilection du *Peuple* pour le Sauveur, jusqu'à les faire contraster avec l'incrédulité et la haine des princes des prêtres et des rois. Lorsque Hérode voulut perdre saint Jean-Baptiste, le reprenant de son *Hérodiade*, il est dit qu'il redoutait le *peuple*, parce que le peuple tenait saint Jean pour un Prophète : *Et volens illum occidere, timuit populum :* quia sicut Prophetam eum habebant. MATTH. XIV, 5.

Lorsque les princes des prêtres et les simples sénateurs : *Seniores populi,* se défiant du peuple, tenaient conseil pour surprendre et tuer le Fils de l'Homme, au lieu de l'agneau, le jour même de la fête de Pâques : Ut Jesum *dolo tenerent* et *occiderent,* ils finirent par décider que non; et, cela dans la crainte que le *peuple* ne se révoltât : Ne fortè *tumultus* fieret IN POPULO. MATTH. XXVI, 1-5.

Lors même que le jugement de mort fut prononcé, et que *tous* les princes des prêtres et leur séquelle (*omnes*) eurent crié et récrié leur *crucifigatur,* Pilate lui-même, le lâche Pilate des Romains, tout-puissant qu'il était, eut encore peur du peuple; et, comme pour rendre hommage à sa foi profonde au Christ, il demanda de l'eau, et se lava les mains du crime devant lui : *coram populo ;* en *disant,* comme *pensait* le peuple : « Je suis innocent du sang du Juste. » MATTH. XXVII, 23, 24,

Saint Luc dit, non moins expressément, d'une autre façon, la chose : Et quærebant principes sacerdotum et Scribæ mittere in illum manus ; et *timuerunt populum*. XX, 19 ; — Et ailleurs : Et quærebant principes sacerdotum quomodo Jesum interficerent : *Timebant verò plebem*. XXII, 2.—Et puis, Pilate et Hérode, devenus *ad hoc* amis, d'ennemis qu'ils étaient, dirent aux princes des Prêtres : «Vous nous présentez cet homme comme perturbateur du peuple : *Quasi convertentem populum*. XXIII, 14.

Et lorsqu'après l'indignation du Fils de Dieu à chasser les vendeurs (c'est-à-dire les fermiers des prêtres) du Temple de Dieu, il s'agit, pour les rois ou les *princes prêtres*, et les *princes populaires* ensemble, d'aviser enfin à perdre le Sauveur, ils étaient encore embarrassés. Et pourquoi , dit le Saint Esprit? parce que le *Peuple*, et le peuple *tout entier*, était sur eux comme une épée de Balthazar, suspendue : Et non inveniebant quid facere illi. OMNIS enim populus *suspensus erat ;* et surtout parce que ce peuple, et *tout* ce peuple, se plaisait à suivre et *à écouter* Jésus : *Audiens* illum. Luc. XIX, 44–8.

Et lorsqu'il s'agissait, pour les grands prêtres et les grands princes, criminels par excellence, de juger et de condamner le Juge et le Juste par excellence, et que, lâches et hypocrites par excellence aussi, ils voulurent des témoins étrangers, et irrécusables, c'est-à-dire des témoins du peuple, il est écrit qu'ils ne purent en trouver..... *un* seul entre un grand nombre de faux témoins de profession. Quærebant *falsum testimonium* contra Jesum,... et *non invenerunt*, cum multi falsi testes accecissent. MATTH. XXVI, 59, 60.

Et lorsqu'enfin la Passion fut venue, et le crucifiement accompli, et que tous les Prêtres, tous les Scribes, tous les Pharisiens, et les princes du Temple et de la ville à l'envi, se riaient du Christ, et le défiaient de se sauver, lorsque l'unanimité (*omnes.* MATTH. XXVI, 58) des apôtres eux-mêmes étaient en fuite, il est dit (en saint Luc, XXIII, 35) du *peuple* seul, presque comme de Marie et de Jean, qu'il était, qu'il *gisait* là seul en silence, et méditant : Et *stabat* populus, *spectans* ! ! !

En conséquence, c'est aussi le Peuple, presque exclusivement, qui a fondé le Christianisme, avec la Papauté. Les premiers Empereurs, ou Rois chrétiens, ne sont venus que 400 ans après ; et encore, le plus souvent, pour les compromettre, sous le prétexte de les glorifier.

Comptez les innombrables Martyrs, c'est-à-dire les premiers et les plus grands hommes, les premiers Rois du règne nouveau ; comptez les Saints et les Solitaires, qu'on peut appeler les princes de ces Rois ; et vous en compterez, pour 10 des classes élevées, 100 des laborieuses.

Saint Paul, d'une famille pharisienne, et même patricienne, et, en cette qualité, persécuteur avant le temps (et de qui ?... du premier et du plus grand homme du peuple, et qui devait le convertir; le premier et le plus grand martyr :... saint Étienne enfin)... l'apôtre des Gentils, des Nations, des Romains, du Peuple par excellence et de tous les peuples, saint Paul, visiblement inspiré, commence par rendre hommage aux *Peuples*, en changeant son nom impropre de *Roi* (Saul), en celui d'homme du *peuple*, et même du *petit peuple* (tous les anciens montrent l'identité de *Paulus* et de *Parvulus*). Et la Providence, encore plus éclatante parce qu'elle est plus mystérieuse, a permis de voir en *Paulus Apostolus*, juste : *Tu salvas Populos !*

Et aussi toutes les victoires, et avec elles toutes les craintes, toutes les persécutions du Paganisme et du Phariséisme reviennent.

Au second *Acte* de saint Pierre, c'est-à-dire à sa conversion de 5000 hommes du peuple (le premier n'en avait converti que 3000), le premier *acte* de Caïphe et d'Anne, les compères du déicide, a été de le mettre en prison, et le second de le mettre en liberté, dans la crainte du peuple : Non invenientes quomodo punirent eos, *propter populum*, quia *omnes* clarificebant. Act. IV, 21.

Et c'était dans la Grèce comme dans la Judée. Lorsque saint Paul est à Corinthe, la Gomorrhe de l'Archipel, Dieu, pour l'enhardir à parler haut, lui dit : « Nul ne vous nuira, parce que le peuple est à moi, nombreux dans cette ville : *Populus est mihi multus* in hâc civitate. » Act. XVIII, 10.

Les propriétaires, les grands, et surtout les princes viennent au Christianisme; mais à la fin, après un, deux, trois, quatre siècles de souffrance, de pauvreté et de martyre populaires... C'est-à-dire précisément lorsque le Christianisme commençait à dégénérer, en se faisant ou en restant propriétaire, et même Roi. Belle merveille que la conversion à ce prix!... Ce fut le principe du pacte satanique entre le trône de Constantin et l'autel du Silvestre Ier (la première longue papauté, sous laquelle naquit la plus longue hérésie, celle d'Arius), source première, péché originel de tous les concordats, et, si nous osons le dire, de toutes les *conjurations* de la royauté contre le pontificat, de la propriété contre le sacerdoce, de l'or enfin contre les âmes...

S'il y avait, sur la terre, après l'infaillibilité que nous avons dite, une infaillibilité unique, ce serait celle de l'Être que les Papes-Rois tiennent pour le plus équivoque ; et elle est aussi consacrée communément par l'Esprit-Saint : celle du *Peu-*

ple (*), dont la voix (selon le proverbe et le verbe de tous les peuples et de tous les temps) n'est rien moins que celle de Dieu ! *Vox Populi, vox Dei !*

Ce mot sublime et célèbre du peuple romain dans les Lois des Empereurs, et du Peuple français dans les Capitulaires de Charlemagne (ce qui double ici l'autorité), n'est cependant qu'un abrégé de l'Ecriture-Sainte, et du premier et du plus grand de ses Prophètes, Isaïe. Et elle est comme *le chant du* plus superbe *Cygne* du Ciel sur la terre : « La voix du Peuple de la cité (la première, celle du Prêtre ne vient qu'après), la voix du temple, c'est la voix même du Seigneur ; et du Seigneur qui ne frappe ses ennemis eux-mêmes que pour les sauver : *Vox populi* de civitate (**), vox de templo, *Vox Domini* reddentis retributionem inimicis suis. ISAÏE 66, 6.

Les Rois eux-mêmes, et surtout le plus sage, lorsqu'il fut sage, proclame la même vérité, à sa façon, en confondant le peuple avec la Sagesse elle-même ; et en l'opposant précisément à la folie de la cupidité ! « L'avarice dresse elle-même des embûches à leur propre sang : Contra sanguinem suum insidiantur , et moliantur *fraudes contra animas suas.* Prov. I , 18, 19. La Sagesse, au contraire, parle et prédit en public ; vous entendez sa voix sur les places et dans les rues ; elle crie dans les foules ; elle fait entendre ses paroles aux portes de la cité : *Sapientia foris prædicat, in plateis* dat vocem suam ; *in capite turbarum clamitat, in foribus portarum urbis profert verba sua.* 20, 21.

Le Peuple ! dont les pauvres sont à la fois la plus forte part et la meilleure : car les moins bons de ces pauvres souffrent, jusqu'à se laisser aller au mal, lorsque les moins mauvais riches font souffrir.

Le *Peuple*, dont le Roi-Prophète (***) implore le salut, avant le sien : *Salvum fac Populum, Domine.* XVII, 28 ; XIX , 10 ; XXVII, 9.

Le Peuple, auquel le même Roi donne le titre de bienheureux : *Beatus.* XXXIII, 12 ; et qu'il va jusqu'à confondre avec l'Eglise : *Ecclesia Plebis.* CVI, 32.

Tant de choses données, il est difficile de ne pas espérer au

---

(*) Il est des locutions proverbiales , et d'une énergie sans exemple à faire sentir tout ce qu'il y a de vrai et de grand dans un *peuple*, même corrompu par les Rois : l'*Opinion publique* ; la *Clameur publique* ; le *Cri public.*

(**) Il y a peuple et peuple : celui qui , à la parole du roi Hérode, le premier *Néron* de saint Pierre, dit : « C'est la voix de Dieu, et non celle d'un homme : *Populus* acclamabat : *Dei vox, et non hominis.* ACT. XII, 21 ;... était un peuple de ces *Tyriens* maudits dans l'Ecriture, envoyés par un roi criminel, flatter un roi, comme déicide, que Dieu fit, à la minute même, expirer mangé des vers !

(***) Il n'appartenait qu'à un Roi-Dieu du Bas-Empire, *Théodose*, de faire une loi de la maxime contraire... *Principis salus, populi salus.* 1 Cod., *de Veteran.*

grand nombre du *petit nombre des élus;* et de penser jamais
que le Dieu qui ne vint sur la terre que pour sauver les peuples, et établir, et immortaliser une suite de sauveurs uniques
des peuples à sa place, avec la charge et les moyens de sauver,
rendrait un jour les peuples tout à fait victimes des appelés
à les sauver.

C'est encore une voix, un cri, un Verbe du Ciel et de la
terre, et de la *Loi des douze Tables* des Décemvirs, aussi bien
qu du *Décalogue* de Moïse, que la maxime : *Salus populi su-
prema lex esto.*

Et la Bonne nouvelle la proclame assez formellement, et
dans ces paroles, les premières, on peut le dire, de tout le
Christianisme, dont la mission consistait : *ad dandam scien-
tiam salutis Plebi.* Luc, I, 77; — et dans le fait que saint Jean-
Baptiste n'évangélisait que le peuple : *Evangelizabat populo.*
III, 18;—et dans le fait que le Sauveur préluda à son *Sermon sur
la montagne*, et à son annonce des huit *béatitudes* (toutes pour
les pauvres et le peuple), par le parcours de toute la Galilée en
guérissant toutes les infirmités du peuple : Et sanans omnem
infirmitatem *in populo.* MATTH. IV, 23; et dans le fait que les
apôtres.... ne faisaient guère leurs plus grands miracles qu'au
milieu du peuple : Et *prodigia multa in plebe.* ACT. V, 12; —
et dans tout l'Apostolat des douze et de saint Paul plus parti-
culièrement, en toute son Épître *aux Romains* (les représentants exclusifs des peuples), auxquels il crie, et crie incessamment : « Toutes les nations, tous les peuples, louez à
l'envi le Seigneur, car il a voulu vous combler de toute joie et
de toute paix dans la foi : Et *iterùm, laudate, omnes gentes,
Dominum; et magnificate, omnes populi...* Deus repleat vos
omni gaudio et pace in credendo. XV, 11-13. Et ce que saint
Paul dit aux *Romains* en général, il le dit à leur roi Agrippa,
et à leur reine Bérénice, qu'il en fit chrétiens quasi : « Je ne
dis pas autre chose que ce que les prophètes ont dit, savoir :
que le Christ serait le premier qui annoncerait la lumière
au peuple (au singulier) et aux gentils : *Christus primus lumen*
annuntiaturus est Populo et gentibus. ACT. XXVI, 23.

Saint Pierre est encore plus magnifique et plus heureux
que saint Paul dans sa glorification populaire. Il donne au
Peuple fidèle tous les caractères et tous les noms que s'arrogent ses Rois apostats : I° la Pierre principale de l'Angle,
choisie et précieuse; II° la Pierre que les architectes ont re-
jetée, et que Dieu a faite la pierre de l'angle; III° laquelle sera
une pierre d'achoppement et de scandale pour ceux qui en ont
trouvé une dans la parole même de Dieu, par laquelle et pour
laquelle ils étaient; IV° la nation bien venue; V° le sacerdoce
vraiment Roi; VI° la gentilité sainte; VII° le PEUPLE, enfin,
d'acquisition (*Populus acquisitionis;* Sacy dit : le *Peuple con-*

quis); VIII° chargé d'annoncer à son tour les vertus de celui qui l'a appelé des ténèbres de l'apostasie à la lumière de la fidélité ; IX° le *Peuple*, enfin, qui n'était pas de Dieu, devenu de Dieu ! *Qui aliquando non populus, nunc Populus Dei.* I. Epît. II, 6-10.

Et qui n'admirerait encore, après de si grandes vérités, cette plus petite :... en prix de tant de labeurs, de tant de souffrances, de tant de sacrifices, de tant de manifestations populaires de Dieu, depuis 1850 années, le plus mauvais peuple ne demande encore qu'une chose aux Rois : la pitié ; et une aux Prêtres : l'amour !

II. Le Génie scientifique universel du Peuple-roi.

Le Peuple, qui semble n'appeler et ne rappeler que l'ignorance, *prolétaire* par excellence, a engendré presque tous les créateurs des sciences élevées. La plupart des premiers évêques, les Pères et les Docteurs proprement dits de l'Eglise, se refaisaient hommes du peuple en s'appauvrissant, lorsqu'ils n'avaient point commencé par une origine plébéienne... C'est là, on peut le dire, l'*Histoire* entière *de l'Eglise*.

Sur les quelques centaines de Papes ou antipapes existants, on en cite à peine quelques-uns (*) qui aient laissé un Livre vraiment démonstratif, et qu'on puisse présenter aujourd'hui à leurs ennemis, et même à leurs amis, pour les convaincre ou les édifier. Mais il en est plusieurs qui abondent en manuscrits, comme Silvestre II (Gerbert, comme Albert-le-Grand, surnommé le *Diable*, pour sa science); en *in-Folio*, comme Grégoire XIII, le père du *Droit Canon* ; et Benoît XIV, le père de la *Liturgie.* — Grégoire XVI, lui, dont le barbier Moroni était encyclopédiste, publia en 1799, in 4°, italien, intraduisible et illisible en français, un *Triomphe du saint siége contre les Novateurs* (Tamburini, etc.) *battus par leurs propres armes.* — Et plusieurs, et notamment Pie II, Léon X, etc., qui avaient fait (le passé ici est presque le futur) des *Romans*, et jusqu'à des poésies érotiques !—Les Cardinaux sont, ici, encore plus malheureux ; et cependant, leur propre est d'écrire ; et il en est plus de mille qui ont écrit, et incessamment écrit, depuis 1000 ans. Si vous exceptez le cardinal Conrad qui refusa la tiare, et mourut à Jerusalem ; Pierre Damien, saint Bonaventure, saint Charles, Bérulle, Bona, comme moralistes ; d'Ailly et Cusa, comme métaphysiciens ;

(*) Innocent III, mort en 1216, auteur d'un *De sacro altaris mysterio*, et d'un *De contemptu mundi*, qui convertirent, dit-on, Hurter ; et Innocent VIII, auteur d'un *De sanguine Christi.*

du Perron et Bellarmin, comme controversistes politiques; Gerdil, comme controversiste religieux ; Polignac, comme grand poète latin apologiste,... vous n'avez plus, en littérature, que de plus ou moins fameux canonistes ultramontains, depuis longtemps stériles, aux bibliothèques royales ; et puis, des historiens, comme Bentivoglio, et Pallavicini ; et enfin des Sadolet, des Bembo, des Maffée etc. poètes légers ou courtisans, et quelquefois pires que le fameux curé de Meudon, Rabelais.

Toutes ces éminences (*) résumées de nos jours en un La Luzerne, compilateur des Pères ; en un Pacca, faiseur de concordats et héros de Nonciatures de transition ; en un Bausset, se croyant un *Bossuet au petit pied;* en un Maury, à la fois tribun, rhéteur et académicien ; en un Lambruschini, tour à tour ou ensemble écrivain de l'*Immaculée Conception*, dévôt à *sainte Thérèse*, et *Secrétaire d'Etat*.

En sorte que tous les prélats de la chrétienté ensemble s'effacent, même dans les conciles œcuméniques, en présence d'un berger, nous dirions volontiers d'un *mouton champenois*, l'aîné de onze enfants d'un pauvre cultivateur d'un village qui n'est plus connu depuis des siècles que par le grand et courageux ecclésiastique de son nom, *Gerson*. Lequel, poursuivi par un roi *légitime* et régicide, après avoir été longtemps le Chancelier de l'Université de Paris, et le Légat sans fin de France à Rome, etc., fut réduit à mourir inconnu, pauvre, réfugié, et immortel ami de saint Joseph, aux Célestins de Lyon.

Et depuis, tous les apologistes modernes (**) titrés se sont

(*) Nombre de cardinaux qui écrivaient ou n'écrivaient point, se rendaient les fauteurs des plus infâmes écrivains corrupteurs. Le *Cavalier Marin*, entre autres, était le secrétaire du cardinal Aldobrandin.

Il est remarquable que les deux plus audacieux penseurs du XVIe siècle étaient Italiens, et prêtres, le premier même Dominicain : Vanini, brûlé (après avoir en la langue coupée) au parlement de Toulouse en 1619, à la fleur de l'âge ; et Jordanus Brunus, qui fut livré aux flammes, à Rome même, la première année du XVIIe siècle, sous le règne du Pape *Clément* VIII, le *Moliniste* par excellence.

On conçoit qu'au milieu de telles voies de conversions romaines, l'Italien Socin ait eu d'autant plus beau jeu en Italie, qu'il fut banni de l'Italie. Ses conquêtes furent si rapides dans toute la chrétienté, qu'on a pu dire de lui, à la lettre :

Tota licet Babylon destruxit *tecta* Lutherus,
Muros Calvinus, sed *fundamenta* Socinus.

Une grande victime qui précéda celles-là de quelques années, loin d'être odieuse, serait plutôt intéressante. Michel Servet était laïque. Il ne voulait que *Rétablir le Christianisme* (c'est le titre de son livre principal), compromis par Luther et Léon X, chacun à sa façon. Et dans un autre livre, il démontrait la *Trinité*, et découvrait la *Circulation du sang*, par surcroît.

(**) La même chose se remarque dans les apologistes secondaires ou indirects. L'abbé Gioberti, fils d'un cocher de Turin, l'auteur du *Jésuite*, est bien supérieur, comme tacticien, à l'abbé Martinet, d'un château de Savoie, l'auteur du *Platon*

comme anéantis devant un simple curé de Bourges, et même
de village. Et le *Catéchisme* de La Chétardie, qui refusa des
évêchés ; la *Philosophie de la Religion*, de l'abbé Para, simple aumônier ; les *œuvres* mêmes de Bergier, curé de Flan-
chebourge en Bourgogne ; la *Bible vengée* de Duclot, curé de
Vins en Savoie, sont en effet très supérieurs à la *Théologie
Dogmatique* du *Comte Romain* Bouvier, du Mans ; à la *Morale*, de
Mgr. Gousset de Reims ; au traité de la *Politesse du jeune prêtre*, de monseigneur Devie, de Belley (le romancier Camus,
son prédécesseur sur ce siége, n'eût pas fait mieux) ; aux *Pa-
roisses*, de feu Affre ; aux *Institutions* de monseigneur Sibour ;
et même aux *OEuvres complètes* de Bourdaloue, car elles sont
trop volumineuses, et comme paralysées par tout l'odieux (que
j'explique et ne justifie pas) de toute sa *Compagnie*.

Les laïques, seuls (*), et surtout dans les derniers temps ,

Polichinelle.— Et le père Deplace est aussi logicien et orateur, que le père de
Ravignan n'est qu'avocat et ennuyeux.

(*) Le seul noble, mais réhabilité par la pauvreté. qui ait été utile à la religion dans les derniers temps, est Saint Martin, le célèbre *Philosophe inconnu*
L'une de ses fautes, c'est le trop fameux comte de Maistre.

Nous ne comptons pas le vicomte de Châteaubriand dans les apologistes : il
avait commencé, et il finit, par réfuter son *Génie du Christianisme* (dont chaque
page est d'ailleurs contradictoire avec une autre), par le luxe et la luxure de sa
vie d'homme privé, et par la lâcheté de sa vie d'homme public.

Plus malheureux que les comtes de Maistre et de Bonald, qui ne compromirent
leur *Pape* ou leur *Roi* que par leurs pensions et leurs ambassades ou pairie de
Rois,.. Châteaubriand méritait, comme dernier châtiment, d'avoir pour héritier
légitimiste à l'Académie l'indigne apologiste de la *Maintenon*, le duc de Noailles

Considérés comme simples moralistes, les nobles, tels que le duc de la Rochefoucauld, ou les anoblis, comme La Bruyère et Duclos, n'ont pu s'élever au-
dessus de *Pensées* détachées, ou *gâchis*.

La dernière *Philosophie*, qui a bien, elle aussi, une mission, montre, en première ligne, deux laïques nés et demeurés pauvres : Bayle et Jean-Jacques Rousseau.
par exemple ; en seconde ligne seulement, le sieur de Voltaire. qui devait, à la fois,
être l'héritier d'un prêtre apostat (l'abbé Arouet, son frère), et avoir pour seul
héritier un autre prêtre apostat (l'abbé Mignot, *Grand Voyer* de Paris !) — en
troisième ligne, le comte de Boulainvilliers, *le Machiavel*, et presque le *Grand
Turc* de la France ; — les marquis de Condorcet et même de Vauvenargues, d'Ar-
gens et d'Argental ; de Tressan et de Langle ; de Cubières et de Saint Aulaire, de
Lezay-Marnésia, et même de Puységur ; —les barons de Grimm et d'Holbach ; les de
la Metterie et de la Dixmerie ; le richissime Helvétius ; le duc de Nivernais, le
prince de Ligne, le roi Stanislas de Pologne, et le roi de Prusse Frédéric ; — et, en
dernière ligne (car ils avaient les faibles des deux partis extrêmes), les abbés
de Condillac et de Mably ; et ce fameux abbé de Saint-Pierre, dont la *Paix perpétuelle* n'était guère que la paix de la régence ; et la *Polytinodie*, l'apothéose du
régent lui-même.

Si la révolution de 1793 a été profondément compromise, ce fut bien moins
assurément par l'absolutisme de ses Marat et de ses Robespierre, et même par les
perfidies de ses marquis d'Antonelle et de Saint Huruguc, de Sillery et de Lau-
raguais, de ses comtes de Mirabeau et même de Saint Fargeau (Michel Lepeletier),
que par les vociférations de son richissime Baron, et athée plus richissime encore,
Anacharsis Clootz...

Bien inspirée, la révolution de 1848 a jeté là le comte d'Alton-Shée.

ont vraiment compris la religion, lorsqu'ils se sont élevés assez haut pour la mesurer à une autre échelle que celle du Pape-Roi·ou du Prêtre venal, et pour se faire eux-mêmes désintéressés ou pauvres. Nous nommerons ici Leïbnitz, dont le *Systéme théologique* est le chef-d'œuvre de la philosophie religieuse; et même, et tout aussi bien, le seul traité *De la Nature humaine*, et même le traité *Du Citoyen*, et le *Léviathan* de Hobbes, né pauvre et persécuté, et aussi logicien, aussi vertueux, et même aussi encyclopédiste, et finanalement aussi imposant en Angleterre, que son trop fameux compatriote, fils de chancelier et *Baron de Verulam*, l'était peu. (Nous n'osons dire le *Cours de Philosophie*, et les *Fondements de la Religion*, de Louis Lesclache (*), le plus grand homme peut-être qu'ait eu la France, et qui est aujourd'hui pour elle l'*inconnu*! Par une singulière destinée, après avoir mis Paris en émotion, il se vit forcé comme Gerson d'y secouer la poussière de ses souliers, de se réfugier, et de mourir pauvre (en 1691) à Lyon, comme Gerson!)

Le Peuple le plus peuple, celui de la halle, a seul, comme on sait, le privilége de la science sacrée par excellence, celle d'une Langue; de donner des lois à toutes les Académies et à toutes les Cours, des *Tropes* à tous les Dumarsais, et du sublime à tous les Corneilles. Plus privilégié que les autres, le peuple français a imposé sa Langue (la plus *franche* de toutes les langues,) aux grands et aux Rois de toutes les nations, même pour conspirer contre lui.

Il y a quelque chose de plus glorieux encore, s'il est possible (nous l'avons vu ailleurs, et mieux à sa place). Lorsque Pie VI et Pie VII eux-mêmes, Grégoire XVI et Pie IX, et tous les Rois à leur suite et à leur tête à la fois, se montraient toujours en arrière (Rivarol avait bien de la bonté) d'*une* année, d'*une* armée et d'*une* idée, les plus simples bonhommes ou bonnes femmes du peuple étaient, et sont encore, à l'avance de mille.

La suscitation des masses, leur conduite, leur commande-

<hr>

(*) Nous l'avons réhabilité, autant que nous l'avons pu, avec l'abbé Para du Phanjas, dans le supplément de la *Biographie universelle* des frères Michaud.

Quoi qu'il en soit, il y a aujourd'hui dans Paris, au plus vivant, au plus industriel milieu de Paris, entre la rue Saint-Martin et la rue du Temple,... à la fois un savant du premier ordre (il sait presque toutes les langues vivantes et même mortes), un spiritualiste supérieur (il a traité des *Destinées de l'Ame*), un théologien souvent profond (de l'*Apocalypse*, sous le titre d'*Accomplissement des Prophéties*); un père de famille, jeune encore, et patriarcal; d'abord pauvre, puis grand industriel, et enfin grand propriétaire; toujours plus désintéressé encore qu'industriel, et plus généreux que propriétaire; n'ayant jamais eu pour maîtres que Dieu, un livre et luï; et élevant la modestie jusqu'à l'effroi de la célébrité;... le plus fidèle de la paroisse de Saint-Merry, et le plus inconnu de son curé, qui le connaît le plus!

ment sont surtout le propre des hommes du Peuple, et surtout de ceux qui sont, à la fois, spirituels et temporels.

Nous avons dit dans la *Feuille éternelle*, il nous faut le redire dans le *Peuple Roi* : « Je conçois la grandeur de l'homme en général, parce que je le vois la créature principale (étant la seule spirituelle) de Dieu, que je vois si grand. Je la conçois encore, parce que je vois l'omnipotence de l'homme sur la création tout entière, façonnée à son usage, et dont il se joue aujourd'hui plus que jamais. Je conçois la grandeur de l'homme en particulier, parce que je vois l'omnipotence du plus simple ou du dernier des hommes de la dernière des îles (la Corse de Bonaparte et de Fieschi), sur la société européenne tout entière, organisée pour ou contre lui.

« Tous les grands destructeurs et tous les grands réparateurs du monde sortirent des plus bas lieux, ou exercèrent les plus petits états. Manès fut esclave ; Arius, ouvrier ; Mahomet, commis-marchand ; Michel Cerularius (le schismatique grec), cirier ; Thomas Cromwell (plus important qu'Olivier) et Luther, tous deux forgerons ; Calvin, tonnelier ; Georges Fox, fondateur des Quakers, et même des Etats-Unis, cordonnier (le riche Guillaume Penn ne fut que son disciple, et encore il *vendit* la Pensylvanie au roi d'Angleterre) ; Jacob Boehme, maître de l'anobli Swedenborg, cordonnier ; Spinosa, juif brocanteur ; Jansénius, serviteur chez un avocat ; Voltaire, clerc de notaire ; Rousseau, horloger ; Priestley, mercier ; Howard, tapissier ; Mirabeau, ruiné et décrété ; Robespierre, avocat sans cause ; Bonaparte, soldat ; Laffitte, charpentier ; Rothschild, juif quasi errant aux bords du Rhin ; Torlonia, *domestico di piazza* aux bords du Tibre.

« (Fieschi, Corse à part, et qui pensa, lui aussi, Bonaparte au petit pied, changer l'Europe à sa façon, fut successivement pâtre, soldat de Murat, et enfin sous-officier de la garnison et attaché à la police de Paris !)

« Fourier fut commis drapier ; Genoude, limonadier ; Lamennais, pauvre ; Cabet et Proudhon (les derniers réformateurs sont les plus importants), tonneliers ainsi que Calvin.— Comme Moïse avait été berger ; saint Pierre, pêcheur ; et, entre tant d'autres, Grégoire VII, chapentier ; Sixte-Quint, pâtre de pourceaux ; le cardinal Albéroni (le plus influent de tout le xviiie siècle, dans toute la chrétienté : il fit trembler tous les rois et tous les papes), jardinier.

« Ainsi, ce ne sont guère les peuples, ce sont les petits, et les plus petits dans les peuples, qui sont souverains. O vous donc, papes et rois, légitimes ou illégitimes, vous qui n'avez des yeux et des cœurs que pour les grands, ou les faiseurs de bruit public, ce n'est que pour les petits, les inconnus (*) que

(*) C'était prophétiser assez bien, ce semble, et le *Guerrazzi*, garçon menui-

vous devriez en avoir : car ILS SONT VOS RIVAUX ou vos défenseurs futurs !!! »

La grande majorité des grands capitaines, et l'Histoire de la Révolution Française de 89 en fait foi seule (car l'histoire ne change jamais, elle recommence) fut toujours plébéienne. Et presque toujours ils s'improvisèrent : depuis ce *Pierre l'Ermite*, le *premier* de tous les croisés, qui précéda Pierre le Vénérable, et même saint Bernard, jusqu'à... Huniade et Scanderberg ; notre Ponthus de la Gardie,.. plus que Roi du Nord, avant son compatriote méridional, Bernadotte ; Moreau, Hoche, Kléber, Lannes, Ney (le *Brave des Braves*), Soult, Bellune et Masséna, que Bonaparte lui-même appelait l'*enfant chéri de la victoire* ; lorsque le noble Desaix et le noble de Marmont, *duc* de Raguse, etc., ne furent jamais, l'un, que celui du malheur ; l'autre, que celui de la défaite... Le dernier des capitaines nés nobles, et annobli Maréchal et Duc en Afrique (Bugeaud), est mort, la veille de sa *prétention* la plus dynastique, comme maudit du peuple et de Dieu.

Condé et Turenne ne furent guère habiles que parce qu'aux règnes des Rois absolus et des Princes du sang, il n'est guère permis qu'aux grands d'être capitaines ; et qu'ils n'ont à combattre que des capitaines comme eux.

Les grands amiraux, si supérieurs aux grands capitaines, sont la plupart des enfants de pauvres pêcheurs :.. Jean Bart, Duquesne, Duguay-Trouin, etc.

Dans le gouvernement, comme dans la science, l'homme populaire et parvenu l'emporte toujours sur l'héréditaire. Cromwell a rendu les Stuart impossibles, et s'est vu regretter sous Guillaume. Francklin, le dernier de quinze enfants d'un chandelier, et lui-même compositeur d'imprimerie ; Adams, cordonnier : meneurs de Washington (et dont le marquis de La Fayette n'était que le *Dada*), ont rendu les Anglais impossibles dans les Etats-Unis.

Bonaparte, lui-même, fils d'un petit *robin* Corse, tout despote et contradictoire qu'il fut toute sa vie, a fini par rendre impossibles les deux branches de la maison de Bourbon.

On peut faire ici une comparaison encore plus frappante et plus péremptoire : celle de Borgia (*), *Grandissime* d'Espagne, et d'Hildebrand, le *charpentier*. Le peuple se laisse aller à

---

sier, de Florence, qui fut un moment grand duc ; et le *Garibaldi*, pauvre de Nice, qui, sans la France, était, à jamais peut-être, roi de Rome.

(*) ... Lorsque le sorti du peuple est plus horrible encore qu'il est grand, le cardinal Dubois par exemple, qui, de fils d'un pauvre *apothicaire* de Brives-la-Gaillarde, devint précepteur du régent et premier ministre tout-puissant jusqu'à sa mort (il nomma le cardinal de Fleury pour lui succéder), on voit toujours un sorti de cour, un mis hors de cour, un *roué* qui, en l'élevant, semble vouloir humilier les grands et le peuple à la fois.

l'attentat, lorsqu'il a l'air de la grandeur, et qu'il paraît en vouloir aux royautés ; au crime et au vice continués, jamais.

Autres temps, mêmes mœurs ; et l'on voit, d'une part, le sale et vénal comte de Mirabeau (*), et d'autre part l'*Incorruptible Robespierre*. Et le noble Barras (on disait proverbialement dans le midi : *Noble comme Barras, aussi ancien que les rochers de Provence*), tombant de chute en chute du trône directorial, et de Grosbois, sa *Caprée*, à une bauge de Chaillot, est assez la contrepartie... de son compatriote du Midi, Bernadotte, qui, de fils d'un logeur de Pau, est mort roi et successeur de Gustave-Adolphe.

Les sciences naturelles ou usuelles sont encore mieux le propre des simples. On ne citerait peut-être pas une invention mathématique, astronomique, politique, artistique, et surtout agricole et médicale, qui ne soit à eux, comme par droit de société aussi bien que de nature. Et les rois *fainéants*, les grands, les riches n'ont guère fait qu'imiter, perfectionner, jouir et abuser.

Copernic et Keppler, Isaac Barrow, maître de Newton, et Descartes même, étaient pauvres, au point d'aller s'instruire ou vivre à la faveur de quelques patrons précaires et providentiels. Galilée, plus malheureux, fut mis en jugement et en prison par les cardinaux, qui ne devaient être *inquisiteurs* que de l'Écriture Sainte bien entendue, et plus savante encore que tous les Galilées. Christophe Colomb, qui doubla l'espérance et la grandeur de l'univers, naquit sur la plus pauvre plage et du plus pauvre pêcheur, lui aussi, de l'Italie ; lorsque son disciple et son usurpateur, Vespuce, venait de naître noble de Florence !

L'inventeur du calcul des calculs, qui a seul donné la clef de toutes les sciences mathématiques et physiques, l'Algèbre, est un *Mendiant*, auquel on pardonnera d'être moine, nommé Lucas de Borgo.

Et, de nos jours, la loi des sciences dans la pauvreté s'est manifestée, plus grande et plus magnifique encore, ensemble ou tour à tour, dans ce triumvirat des Bernoulli, de la Suisse pastorale, pauvre et républicaine, qui défiait tous les marquis de l'Hôpital de France, et même d'Europe ;— dans cet Euler, *infiniment supérieur à Newton* selon Condorcet lui-même, fils d'un pauvre pasteur de Bâle, comme les Bernoulli, père,

---

(*) Vergniaux, plus éloquent que Mirabeau, fut toujours pauvre et austère.

Comme déjà on venait de voir l'ex-commis de banque, et même de commerce, Necker, ... infiniment moins odieux que Choiseul, et la duchesse de Grammont sa sœur, infâme comme lui ; et que ce Garde des sceaux Lamoignon, et ce Brienne, premier ministre, morts tous les deux dans leur sang, et suicidés, comme leur monarchie.

encore plus pauvre, de 38 enfants et petits enfants vivants autour de lui , et aveugle dans la force de son génie; — dans ce
d'Alembert, qui, d'enfant renié et ramassé, devint, un moment, comme le roi de France et de Prusse à la fois ; — dans
ce Lagrange, aîné de 14 enfants pauvres du Piémont ; — dans
ce Laplace, dont les astres s'éteignirent à la glace des mar-
quisats et des sénatoreries impériales ; — dans ce Monge, qui,
de *tailleur de pierres* à Mézieres, devint le grand bombardeur
des rois de l'Europe; — dans cet Herschell, qui, de flûte de régi-
ment, devint le ravisseur des savants au *troisième Ciel*... exté-
rieur;—dans ce Fresnel, fils d'un maçon, qui fut plus ingénieux
qu'Huyghens même dans la *lumière*; — et dans ce dernier
venu du Nord, qui, sous le nom d'Abel, fut à la fois, selon
l'Académie des Sciences de Paris, le premier et peut-être le
dernier des géomètres d'un ordre nouveau, et qui mourut, à
la lettre,... de faim !

Les plus ou moins nobles, comme de Fontenelle, savants de
ce genre, n'ont guère d'autre mérite que de célébrer leurs
confrères, et de se faire leur *secrétaire perpétuel.*

Mêmes prédestinations ou destinées dans toutes les autres
branches scientifiques. Linnée, pauvre de village, ne permet pas la confrontation avec le Seigneur de *Buffon*, et le
comte de Lacépède ; non plus que Cuvier, orphelin d'un inva-
lide, avec le chevalier de La Marck, son émule.

Haüy, fils d'un tisserand, ne saurait être comparé à personne dans la plus ingénieuse des sciences qu'on pourrait
appeler chrétienne : la *Crystologie.*

Davy, fils d'un ciseleur en bois, et Berzélius, d'un encore
moins, ont fait pâlir le comte de Saluces et le riche Lavoisier...

Bernard Palissy, simple potier de terre, failli victime de la
Saint-Barthélemi des Rois et des riches, et mort nonagénaire... à la Bastille de Louis XII , n'a laissé, dans tous les arts
utiles, et en agriculture, que des déductions à tirer à ses savants et nobles disciples ultérieurs, depuis l'Olivier de Serres,
Seigneur de Pradel, jusqu'au dernier de nos du Hamel du
Monceau, et de nos abbés Rozier, curé apostat des Feuillants
de Lyon, et dont le corps fut *mis en pièces* par une bombe du
siége tombée sur son lit même, le 29 septembre 1793 !

Le menu peuple triomphe même dans les arts luxurieux ,
où échoue pleinement la noblesse fainéante qui n'a que cela à
faire, et qui s'en pique le plus.

Pétrarque, si supérieur au Dante (qui n'est que furibond, et
tour à tour Guelphe et Gibelin, et qui expia sa prétendue
noblesse par la fuite , la détresse et le malheur perpétuels),
Pétrarque naquit dans l'indigence. Et Boccace et l'Arétin, le
fléau des princes, étaient bâtards. Et le Tasse, dont le poëme
porte à faux, l'a vu dans le plus profond oubli toute sa vie.

Pierre Corneille, qu'on surprenait dans une échoppe, at-

tendant, le pied dans un soulier, le raccommodage de l'autre;
et l'auteur d'*Athalie*, fils pauvre d'un grainetier à sel de la
Ferté, sont assez supérieurs en morale, et même en littérature,
au sieur de Pocquelin, valet de chambre du roi, qui se cacha
sous le nom de *Molière*. Shakspeare fut garçon boucher. Le
Milton du *Paradis perdu*, fils d'un copiste pour vivre, est bien
au-dessus du riche Sannazar, qui affecta de ne pas nommer
une seule fois *Jésus-Christ* dans son poëme de l'enfantement
de la Vierge (*de Partu Virginis*), et du Voltaire opulent de la
pauvre *Henriade* et de l'infâme *Pucelle*.

Herder, Klopstock et Schiller, le Triumvirat de la littérature germanique, fut d'abord un Triumvirat de *journaliers*.

Les poëtes, Rousseau, fils d'un cordonnier; Millevoye, fils d'un
cordier; Malfilâtre, mort à l'hôpital; Rivarol, fils d'un auber-
giste; Laharpe, enfant trouvé; Ducis et Delille, sortis des plus
bas lieux, effacent assez les abbés de Voisenon et de Grécourt;
les ducs de Nivernais et de La Rochefoucauld; les marquis
de Chaulieu et de La Fare, et même le gentilhomme de Monsieur, La Fontaine, dont les *Fables* sont avilies par les *Contes*;
l'anobli Boileau, l'écuyer et jésuite Gresset, le sieur de Ma-
rivaux (d'où le *marivaudage*); le marquis de Saint-Lambert,
aux *Jardins* sans fleurs; le chevalier vicomte de Parny, qui
fit rougir jusqu'à l'Académie; l'abbé marquis et chevalier de
Boufflers (dont on a dit : « L'abbé libertin, l'émigré patriote,
le républicain courtisan »); lord Byron; Lamartine, dont le
père était attaché à la vieille maison d'Orléans; le vicomte
Hugo, anobli de la nouvelle; le vicomte d'Arlincourt, tour
à tour écuyer cavalcadour de la vieille *Madame Mère* Lœtitia,
et pélerin du *Droit* nouveau.

La noblesse et la richesse n'ont rien que les Marquis d'Urfé
et de La Calprenède, les Scudéry et les Baculard d'Arnaud;
le Marquis de Florian ou Prevost, fils d'un procureur du roi,
qu'on puisse comparer, même de loin, en fait de fictions morales, à celles de Cervantes et de Lesage, tous deux vivants
et mourants dans la détresse (le dernier après avoir refusé
100,000 liv. des Financiers, au prix de son *Turcaret*, dirigé
contre eux); ou à celles de Daniel Foé, fils de boucher; de
Richardson, simple imprimeur(*); de Goldsmith, demandant
son pain;—et en fait de *Philippiques*, que La Grange de Chan-
cel, aux poëmes de Barthélemy, fils d'un fabricant, et de Gilbert, mort de faim.

(*) Les journalistes, riches ou pauvres héritiers des anciens littérateurs, ont leurs
pires confrères, et ceux qui les compromettent le plus, dans leur redondant
(les philosophes du XVIIIe siècle étaient au moins réjouissants dans leurs *da,
dé, di, do, du*) : *de* Genoude et *de* Lourdoueix; *de* Walsh et *de* Pont-Martin; *de*
La Valette et *de* Girardin; *du* Panloup et *de* Riancey.

Et les savants ou orateurs parvenus, quelquefois d'une loge de portier, comme

Sur le théâtre éhonté (*), le seul Beaumarchais, simple horloger, et sans étude aucune, a dépassé en gloire, en fortune, mais aussi en ruine, tous ses nobles devanciers et tous ses successeurs ensemble, la plupart riches et nobles à la fois : de La Chaussée, de Sainte-Foix, de Pixérécourt, etc.

La médecine et la chirurgie, dont le plus simple usage en un jour fait autant de bien ou arrête autant de mal, que son abus ou son ignorance sont innocents dans le cours d'une année ; et qui sont devenues presque autant nécessaires aux grands qu'impayables aux petits, sont, on peut le dire, tout entières, le propre des petits. On ne citerait peut-être pas une découverte médicale venant des classes élevées ; et l'histoire de l'art fait foi que la grande majorité des médecins du premier ordre n'est pas même des *enfants de la balle*, et qu'elle est sortie des dernières conditions de la société. (Il en est de même, et par la même raison, des Frères et des *Sœurs* de la *Charité*, les vraies maîtresses des *Dames* de ce nom).

Au contraire, ce qu'on appelle le *Droit* et la *Magistrature*, dont l'usage est infiniment plus difficile, et l'abus infiniment plus aisé et plus commun, sont habituellement le fait des classes aisées ou riches. Et on a remarqué aussi que les deux seuls jurisconsultes vraiment méthodiques et sages, et même autorisés, appartiennent à la plus minime magistrature de province, Domat et Pothier. Le *Parlement*, si prétentieux,

MM. Cousin et Villemain, Lingay (secrétaire secret ou avoué de toutes les présidences du Conseil), sont assez supérieurs au sire de Kératry, chantre à la fois de *Dieu* et de l'*Habit mordoré* ; au marquis de Larochejacquelein, l'orateur corporel ; et même au comte de Montalembert, le digne compère des comtes de Mérode, qui se cotisent pour composer un *Esprit de vie* et un *Esprit de mort*, morts-nés en effet ; et au comte d'*Alton-Shée* (*), le dernier des impies.

(*) En fait d'immoralité et d'infamies, les de Laclos d'Orléans ; les vicomte de Sades et les marquis de la Pailleterie (Alex. Dumas), ont laissé loin derrière eux les Diderot, les Rétif, les Pigault-Lebrun, les Kock, les Janin, les Sue, et les Scribe, fils d'un mercier de la rue Saint-Denis.

Lorsque l'homme est à la fois noble et ecclésiastique, il est deux fois nul ou mauvais, dans la littérature, comme dans la vie. Tels, entre tant d'autres, l'abbé de Brantôme ; l'abbé (le plus fameux parlementaire de la Régence) de Chauvelin ; l'abbé Terray ; l'abbé de Breteuil ; l'abbé d'Espagnac ; l'abbé de Montgaillard, au testament et à la mort suicides, etc.

Le pire noble est celui qui s'en donne l'apparence. Tels, entre les savants du XVIIIe siècle, le fils d'un bonnetier de Paris, l'auteur du plus infâme roman, le *Chevalier de Fau...*, qui rougissait de son *bonnet*, sous le nom de Louvet de Couvray ; et ce Lalande, qui, tout rustre qu'il était né, et plus rustre encore qu'il vécut (il mangeait des araignées), s'intitulait M. de La Lande. Il était digne d'inventer... les *Athées*.

(*) L'anagramme d'*Althon Shée* : *Athée désolé*, n'a de plus étonnante et de plus terrible, que celles d'*Emile de Girardin* : *Malin Gredin* ; — *Mandrin-le-Grand*.
(Girardin et Shée eux-mêmes me pardonneront, car Dieu leur fera bien savoir que je ne les flétris que pour les sauver ; et le peuple n'a pas de plus grands ennemis que ces amis-là.)

et quelquefois si Roi, et même si régicide, n'a produit que des *parleurs*, éloquents comme d'Aguesseau... ou froids, comme Cochin...

Mozart et Haydn, aux si pauvres naissances; Beethoven, à l'ignoble, sont assez les maîtres de Meyerbeer, le riche juif.

Le Giotto (*Angiolo*, le petit ange), antérieur de près de deux cents ans au grand Michel-Ange et à Raphaël, et Jean de Fiésole, le *Frère Angélique*, les deux maîtres, en architecture comme en peinture, de ces deux grands maîtres, et qui eurent pour chantres et admirateurs le Dante et Pétrarque, étaient d'abord, l'un berger, et l'autre pauvre novice en un couvent pauvre !

Les toutes dernières découvertes, les plus ingénieuses et les plus bienfaisantes, sont, aussi bien, les domaines et les couronnes du peuple : — l'Imprimerie de Guttemberg (l'*orfèvre* Faust ne fut que son usurier; et Scheffer était le domestique de Faust); — la sténographie de Taylor et de Coulon Thevenot, le pauvre orphelin; — la télégraphie, bien moins de Chappe, l'abbé suicide, que de Breguet, le pauvre réfugié suisse en France, et même de Linguet (l'homme unique, et le premier des avocats de Paris, par surcroît; lequel, pauvre et sans ressource, commença par une savonnerie de sa création); — la lithographie, d'Aloïs Senefelder, l'aîné d'orphelins, forcé d'aviser à faire revivre son père; — le *Daguerréotype* du soldat Bourguignon Niepce; — les *panoramas* de Pierre Prevost, cultivateur d'Eure-et-Loir; — la mnémotechnie, etc., de Pierre Galin, sorte d'enfant trouvé de Bordeaux; et les *Métiers* de Philippe Girard et de Pierre Jacquart, de Lyon.

Lorsqu'il ne s'agit rien moins que de faire un point des quatre coins de la terre, et même un des quatre du ciel, comme pour préluder à une *terre nouvelle* et à un *ciel nouveau*, le Peuple se montre encore mieux souverain. Son Salomon, paysan de Caux, et son Papin, de Blois, persécuté en France et fugitif à Londres, dirent à la Vapeur d'être, et la Vapeur fut. Et ses Montgolfier, ou plutôt son Charles (Francklin, à Paris, n'admirait sérieusement que lui; et Voltaire, pour rire), dit de s'abaisser aux cieux, et les cieux s'abaissent.

Francklin, simple compositeur d'imprimerie, avait eu le soin, en faisant la Révolution et la République d'Amérique, de dire au tonnerre même de Dieu: Suivez-moi, et le tonnerre obéissant le suivit !

(*) Les femmes du monde sont moins mondaines, et les fortes, plus fortes, dans la petite société que dans la grande; et les reines parvenues elles-mêmes sont

III. L'esprit indigné, les rigueurs salutaires, et la générosité du Peuple-Roi.

Et irruet Populus….
Ignobilis contra Nobilem. Isaï. III, 5.

Et d'abord, qui pourrait nier qu'il y eut, en temps et lieux, des *rigueurs salutaires?* On n'a jamais contesté sur

plus remarquables que les héréditaires : depuis sainte Hélène jusqu'à madame de Maintenon, et de la dernière de Louis le Grand jusqu'à la Catherine de Pierre le Grand ..

Les savantes elles-mêmes, quasi impossibles, lorsqu'elles ne sont pas quasi saintes, sont plus rares, mais plus remarquables dans le peuple que dans les salons. On peut nommer, entre plusieurs autres, et dans les genres divers, madame Dacier; madame Guyon, dont les *Torrens* ravissaient Fénelon lui-même, qui en ravissait tant d'autres; et, plus tard, Marie-Agnési de Milan, dont le *Calcul différentiel* fut édité par Bossut de l'Académie des sciences; et cette Sophie Germain de Paris, dont la *Théorie des nombres* a été publiée par Legendre.

Lorsque les autres savantes, ou les savantes de cour et de ville ne savaient que corrompre : la princesse de Longueville, le duc de Larochefoucauld (celui des *Maximes*, toutes fausses); la duchesse de Bouillon, le bon Lafontaine, auquel elle demanda, et commanda, dit-on, ses *Contes;* la noble Ninon, qui corrompait la cour et la ville, et jusqu'à la philosophie naissante ; la marquise de Brinvilliers, pire que la Voisin, et surtout les grandissimes nièces de Mazarin, Hortense, Laure et Olympe Mancini, les premières impliquées, et les premières fugitives dans l'affaire des empoisonnements de la ville et de la cour de Louis le Grand et de madame de Maintenon.— Et, au siècle des Roués de la Régence : la Lespinasse, qui perdit d'Alembert, et jusqu'au grave président Hénault; la l'Epinay, qui perdit Jean-Jacques ; les marquises de Caylus et du Châtelet, qui perdirent Voltaire; la marquise du Deffand, l'âme damnée du Régent; la Tencin, surnommée la *Cardinale-Ministre,* qui appelait et qui faisait tous les philosophes *ses bêtes;* la richissime veuve du Boccage, qui renouvela Ninon ; la plus riche encore, et plus terrible comtesse de Gourdan ; la comtesse de Genlis, dont les derniers romans et la vie dernière n'ont pas effacé les *Chevaliers du Cygne* et l'éducation des derniers d'Orléans; la comtesse de Matignon, fille du baron de Breteuil; et surtout les duchesses d'Aiguillon et de Vauguyon, la princesse de Beauveau et la duchesse de Grammont, esclaves de la Dubarry; et la duchesse du Maine, bâtarde de la Montespan de Louis XIV, et qui faisait régner le scandale à la cour de Sceaux,... firent plus de mal cent fois à la religion et à l'Etat, que n'en firent la *Poirson* du boucher des Invalides, devenue *duchesse de Pompadour* et reine, et la *Bécu* (de Vaucouleurs, comme Jeanne d'Arc) devenue premier ministre sous le nom de la Dubarry; et, en dernier lieu, la Sophie Momoro, élue par la Commune de Paris pour trôner, comme *Déesse Raison*, à Notre Dame de Paris.—Et la simple dame Roland, fille d'un artisan de Paris (*), est seule aussi imposante à la mort, et même à la vie (elle se complaisait dans les œuvres de saint Augustin), que sont viles, toutes leurs vies, toutes les princesses de Salm et de Chimay (celle-ci avait jusqu'à quatre maris légitimes vivants! et son crime, et celui des autres, la firent appeler : *Notre-Dame de Septembre.*)

(*) La simple institutrice, mariée au simple commis, madame Necker enfin, avait autant de raison élevée (voyez ses *Pensées* recueillies par Barrère), que sa fille, *enbaronnée* et *enduchée* des *Staël* et des *Broglie*, n'eut guère jamais que de l'esprit faux.

leur droit, sur leur vertu même, mais seulement sur leur application. Tel soi-disant *Historien de France* (Laurentie), tel Historien de Rome même et de même sorte (Falloux), au point de vue de la terre-seulement, ont trouvé *salutaires* et *médicales* la *Saint-Barthélemi* des Médicis, et même celle de Pie V. Tel autre Historien, au point de vue de la terre et du ciel ensemble, n'a jugé telles que le 10 *août* et le 21 *janvier*.

La Loi des douze tables des Romains, le résumé de la loi antique du paganisme, comme celle des Dix etait celle de la Loi, plus antique, du Peuple de Dieu, proclament ici le *droit* populaire, dans ces paroles: *Jussus Populi et suffragia sunto. Quodcunque postremum Populus jussit, id Jus esto.*

Le plus modéré, et même le plus royaliste des derniers publicistes, Montesquieu lui-même, l'a proclamé au livre XII de son *Esprit des lois :* « Quand la loi politique qui a établi dans l'état un certain ordre de succession, devient destructrice du corps politique pour lequel elle a été faite, il ne faut pas douter qu'une autre loi politique ne puisse changer cet ordre ; et, bien loin que cette même loi soit opposée à la première, elle y sera, dans le fond, entièrement conforme, puisqu'elles dépendront toutes deux de ce principe : LE SALUT DU PEUPLE EST LA SUPRÊME LOI... »

Et il a assez clairement énoncé l'application en faveur du Peuple dans ces paroles plus connues: « J'avoue que l'usage des peuples les plus libres qui aient jamais été sur la terre me fait croire qu'il y a des cas où il faut mettre, pour un moment, un voile sur la liberté, comme l'on cache les statues des dieux. »

Quoi qu'il en soit, les Théologiens et les Moralistes eux-mêmes et les plus grands, saint Thomas d'Aquin, l'*Ange de l'école* lui-même (*), les seuls vrais juges de la grande question, ont donné raison ici aux peuples sur les rois ; et ils ont dit, comme Cromwell et Guillaume (**) dans leurs actes ; comme

---

(*) Saint Thomas n'a nié que le *régicide* personnel proprement dit; l'insurrection générale d'un peuple, jamais. Il dit, au contraire, au livre Ier de son *De Reg. Principis : Si sit intolerabilis excessus tyrannidis,* videtur magis contra tyrannorum sæviliam, *non privatâ præsumptione aliquorum, sed auctoritate publicâ* procedendum. Et qu'est-ce, pour saint Thomas, que cette *autorité publique?* une sorte de *multitude,* c'est-à-dire ce qu'on appelle le peuple, ou rien : *Si ad jus alicujus multitudinis* pertineat sibi providere de rege, *non injuste* ab eâdem *rex institutus* potest destitui, etc. Ce qui est péremptoire. Si le roi n'avait *pas été institué,* ou passait pour usurpateur,... saint Thomas eût encore été plus sûr. (Voyez le « *Mémoire justificatif de saint Thomas,* sur l'indépendance absolue des souverains, » Paris, 1762.

(**) L'abbé Emery, éditeur des *Principes de Bossuet et de Fénélon sur la souveraineté,* rapporte en ces termes une question, une réponse, et une réplique, sans réplique, même dans tout le cours de son ouvrage, des deux flatteurs, l'un de Roi, l'autre de Pape : « Bradshaw, président de la commission établie pour

Francklin et Washington, le marquis de Lafayette (*) et l'abbé Sieyes, dans leurs discours ; Robespierre et la Convention nationale, dans leurs Constitutions : « Quand le gouver-

juger le roi, l'ayant interpellé de répondre aux charges rapportées contre lui : « Ma mauvaise fortune, dit Charles Ier, ne m'a pas fait oublier mon rang et ma dignité. Je suis votre roi, et vous n'avez point de pouvoir sur moi. Avant de vous répondre, je vous interpelle *vous-même* de dire *par quelle autorité* vous êtes ici assemblés pour me faire mon procès : je n'entends pas parler de celle que se donnent *les voleurs de grand chemin*, il n'en est que *trop dans le monde* ; mais je demande sur quoi vous fondez l'autorité légitime que vous prétendez en avoir. Je ne veux point trahir mon droit ; souvenez-vous que je le tiens de Dieu... »

« Il est aisé de vous satisfaire, repartit le président : *La même autorité* qui vous a mis sur le trône, nous fait asseoir sur ce tribunal. C'est le peuple qui vous a élu pour roi ; c'est le même peuple qui nous a constitués pour être vos juges. »

« Vous errez, monsieur le président, répliqua le Roi, et vous êtes mal instruit du droit des rois d'Angleterre à la couronne. Ils la tiennent de Dieu et de leurs prédecesseurs, comme un royaume héréditaire et non électif ; et telle est de temps immémorial la constitution de cette illustre monarchie ; mais vous, encore une fois, sur quoi fondez-vous votre prétendu droit?

« Bradshaw, à cette question souvent répétée, *ne se lassait point de répondre* « Cette cour tient son droit des Communes ; de qui tenez-vous votre couronne? »

(*) Le mot de Lafayette fut dit à l'Assemblée Nationale le 11 juillet 1789. Voici les articles formulés par Robespierre personnellement : — « 25. La résistance à l'oppression est la conséquence des autres droits de l'homme et du citoyen.— 26. Il y a oppression contre le corps social, lorsqu'un seul de ses membres est opprimé.— Il y a oppression contre chaque membre, lorsque le corps est opprimé — 27. Quand le gouvernement opprime le peuple, l'insurrection du peuple entier et de chaque portion du peuple est le plus saint des devoirs. — 27. Quand la garantie sociale manque à un citoyen, il rentre dans le droit naturel de se défendre lui-même. Dans l'un et l'autre cas, assujettir à des formes légales la résistance à l'oppression, est le dernier raffinement de la tyrannie. »

Et dans le fait la Convention Nationale a consacré législativement le fond, et jusqu'aux paroles de Robespierre, dans sa constitution de 1793 : « 33. La résistance à l'oppression est la conséquence des autres droits de l'Homme.— 34. Il y a oppression contre le corps social, lorsqu'*un seul* de ses membres est opprimé : il y a oppression contre chaque membre lorsque le corps social est opprimé — 35 Quand le gouvernement viole le droit du peuple, l'insurrection est, pour le peuple et pour chaque partie du peuple, le plus sacré et le plus indispensable des devoirs. »

La Restauration et la charte royales elles-mêmes n'ont guère songé à nier le droit divin populaire. Et le duc de Levis avait dit dans ses *Maximes*, avant Tissot en plein collége de France : « L'insurrection est la dernière raison des peuples, comme le canon est la dernière raison des rois. »

Et le sieur de Kératry, pair futur, disait dans ses *Documents* pour la future Histoire de France :

« Dans le triste état où nous sommes, mon opinion est que les agitations des masses ne peuvent être que fréquentes. *Je m'abstiendrai de leur donner le nom de conspiration*, plus justement affecté aux partis qui se disputent le pouvoir : car *les peuples ne conspirent pas* ; ils s'entendent tout simplement avec eux-mêmes. Israël ne conspira pas contre la tribu de Benjamin, après l'infâme outrage des habitants de Gabaa envers l'épouse du lévite d'Ephraïm ; mais il se rassembla comme un seul homme. »

Et le journal qui représente, encore aujourd'hui, mieux que l'*Union monarchique* et l'*Univers religieux*, la grande propriété, et même la foi romaine, les *Débats*, ont proclamé, le 30 juillet 1830 : « LE FIL DE NOS ÉPÉES N'EST PAS SEULEMENT LA

nement opprime le peuple, l'insurrection du peuple entier
est le plus saint des devoirs. »

Et ce que les plus grands théologiens ont dit, et les hommes
les plus mémorables accompli, Dieu lui-même l'a suscité, et
même commandé, aux plus grands hommes de son peuple ;
depuis Moïse et Josué, Gédéon et Jephté, la noble Judith et le
berger David, lui-même, jusqu'aux sept Machabées.

Et le fait humain, s'il différait de la volonté divine, aurait,
lui aussi, donné pleinement raison aux peuples révolutionnaires : car, toutes les révolutions (et le monde n'est que révolutions), *toutes* ont réussi, et surtout par les *réactions* et
les *restaurations*.

Les peuples enfin ont toujours fini par *vaincre*, car ils *ne
périssent* jamais, et font au contraire périr. Et les peuples
chrétiens sont autrement supérieurs, et immortels, que ne
furent les peuples anciens, et même le peuple d'Israël. Il y a
tout cela dans ces seules paroles du Sauveur lui-même à
ses Apôtres, en saint Marc X, 42 : « Sachez que ceux qui
semblent les premiers des nations sont leurs dominateurs ; et
que les princes ont jusqu'à la puissance et *la propriété* des
personnes mêmes : *Et principes eorum potestatem* habent
ipsorum. — Et c'est le secret de ces émeutes immenses des
peuples du Nord, ayant à leurs têtes des *hommes du peuple*,
qui vinrent, durant près de mille ans, faire justice interna-
tionale des rois du Midi.

Les plus mauvais peuples, les plus mauvais du peuple eux-
mêmes, sont encore plus corrompus que corrupteurs, plus en-
traînés, plus déterminés que criminels. Entre beaucoup
d'exemples décisifs, les plus terribles *Septembriseurs* indivi-
duels (et les pires du peuple furent en général ceux qui
avaient voulu ou cru sortir du peuple), n'ont pas, à beaucoup
près, égalé, en crimes privés et publics, ce d'Orléans, qui ne
s'appela que par le plus satanique orgueil, *Égalité*.

Le peuple, en général, laisse faire les hérésies et les schismes, les complots et les révolutions. Il laisse commander ou
faire les attentats. Il les regarde s'exécuter. Comment, illettré,
simple qu'il est, et préoccupé de sa *journée* matérielle, s'ar-
rogerait-il de les *juger* de prime abord ? Souffrant, et ne

voyant autour de lui que des souffrances dans le monde, il présume que les grandes audaces sont de grands remèdes. Il confond les coups d'Etat jusque dans la justice divine. Et à la lecture, et même à l'interprétation catholique de l'Ecriture Sainte, il peut se croire Roi, et même prêtre pour faire ou pour venger les coups d'Etat.

Les peuples modernes, il faut le dire, car c'est vrai, sont autant, ou mieux, que les anciens Machabées, les exécuteurs désintéressés et généreux des hautes-œuvres de Dieu.

Et lorsqu'un beau jour, tel ou tel de ces *peuples* est à se trouver, et à s'entendre nommer *Souverain*, il se fait encore, le plus souvent, fidèle, et même *sujet!* Vous l'avez vu, dans les journées de *juillet* 1830, respecter le dernier Bourbon, qui l'avait respecté lui-même, en refusant à tout prix la guerre civile.

Vous l'avez vu même dans les journées de *Février* 1848, laisser passer avec pitié le dernier *Egalité*, qui l'avait oublié et trahi pendant tout un *Cycle d'or* (18 années); et comme vouloir le faire revenir, un jour, en élisant, à sa place, ce Lamartine à qui la volonté n'avait pas manqué, et ne manquerait pas encore d'être son courtisan!... et, depuis, Louis Bonaparte lui-même...

Lorsqu'il s'est agi de Constitution orale, le premier cri du peuple de Paris a été : « Abolition de la mort politique(*). » Lorsque de Constitution écrite? son premier article : *En présence de Dieu!* Lorsque, d'élections? tout-puissant qu'il se trouvait,» en énormes majorités, ses premiers *représentants* furent, on peut le dire, aussi généreux (**) que s'étaient montrés jadis égoïstes les 600 *plus imposés* de son ennemi par excellence, Napoléon-*le-Grand.*

Il accomplit, et au prix de tout ce qu'il a, et de tout ce qu'il est, sans en profiter jamais guère, le *Sic vos non vobis.* Car il ne prend pas, il brise; il démolit, plutôt, et quoi?... Dans la pre-

---

(*) « Après Février, le peuple eut une grande pensée : le lendemain du jour où il avait brûlé le trône, il voulut brûler l'échafaud. On l'empêcha d'exécuter cette *idée sublime.* » Victor Hugo a dit, mais sans qualité, cette vérité à l'Assemblée nationale le 15 septembre 1848. Il y avait longtemps qu'il avait cessé d'être peuple ; il était *vicomte*, il était *pair et compère*, et vénal même en ses désintéressements. Le courtisan des rois de toute origine fut *effrayé*, à la vue du peuple roi, jusqu'à s'en faire le courtisan. Aveugle! vous ignoriez qu'aux yeux de ce Roi nouveau, c'était assez contre vous, en fait de *mort*, que la *mort civile.*

(**) Et la générosité électorale du peuple-roi de 1848, nous l'avions prévue et annoncée littéralement dans la *Feuille éternelle*, publiée en 1847 .... « Ce sont, toutes choses égales, sinon les pauvres (que nos dépôts humanitaires ont ulcérés), du moins les plus petits possesseurs, les fermiers, les artisans, qui seraient, même en notre siècle, les moins mauvais électeurs de maires et même de députés ; et c'est précisément la classe que nos chartes ont exclue... Mais aussi n'auront-ils pas à répondre de nos malheurs, et ils ne seront pas les derniers à y compatir ! »

mière révolution française, ce n'était pas contre les grandeurs romaines et catholiques que les plus mauvais sujets se dirigeaient, mais contre les mondaines exclusivement. Les mêmes hommes, par exemple, qui respeciaient à Rome le Palais du cardinal *Passionei,* ne démolirent, et encore après sa mort, que sa magnifique Campagne près de Frascati.

Dans la juste prévoyance de la destinée de leur magnifique et royale *Villa*, providentiellement nommée *Ruffinella*, les Jésuites l'avaient vendue, et elle appartenait en dernier lieu à Lucien Bonaparte...

Il en a été de même en France, dans la *Révolution* de 1830. La *force majeure,* comme dit Dupin dans l'*esprit* de son *code civil*, le Peuple de Paris, où le mal était plus grand, et à sa source, le peuple, *Fléau de Dieu*, inspiré à son insu... (lorsqu'il ne s'agit que de dégrader), alla droit aux *Tuileries,* et à la Paroisse des Tuileries; mais lorsqu'il s'agit de démolir jusqu'en ses fondements, de faire *table rase*, ce fut à la Campagne, *Duché-Pairie (Conflans)*, du successeur de celui qui ne voulut pas avoir *où reposer la tête ;* et puis, non pas à *Notre-Dame,* l'Hôtel de Dieu, mais au *Palais Archiépiscopal,* l'Hôtel de l'homme, que le Peuple divin alla ! ! !

Aux journées de *février* 1848, le Peuple ne commit guère qu'une voie de fait : l'abatis d'une *prison,* qui était une tache pour le Luxembourg.

Donc (et ce sera ici notre éclatant résumé), la plus magnifique dénomination, mais aussi la plus terrible usurpation, est celle de *Représentant* du peuple...

IV. Les trois Peuples-Rois : de 1830, d'avril et de juin 1834, et de 1848, caractérisés, glorifiés, même dans leurs malheurs ; le dernier, douze années auparavant.

... C'est dans le livre, nous osons le dire courageux, intitulé : *Un Roi devant ses Pairs*, que le Parquet de l'époque a plusieurs fois examiné sans oser jamais le poursuivre.

Et nous allons citer les pages successives, et *littéralement :*
« Qu'est-ce en effet que le peuple?

Le Peuple, ce ne sont pas seulement les diverses classes ouvrières et marchandes qui vivent *au jour le jour,* et qui portent, presque seules, le poids des frimas l'hiver, et l'été les rayons ardents du soleil, les *hommes de peine*, auxquels, seuls, les autres hommes doivent, sauf à les payer quelquefois si cher, leurs apparents priviléges.

C'est encore la généralité des autres classes, sans excepter

les plus élevées : il y a du peuple, beaucoup de peuple,
et le pire du peuple, dans la finance et dans la robe, dans la
grande et dans la moyenne propriété; il y en a dans la littérature et dans l'université; il y en a au palais, il y en a
dans les chambres, il y en a dans l'Eglise; il y en a dans les
cours. Ce n'est même que parce qu'il y en a dans les premiers étages de la société, qu'il s'en trouve dans les combles !
Et toutes choses d'ailleurs égales, le peuple-peuple vaut
mieux que le peuple-roi (*). Je le crois bien : dans l'impuissance d'avoir rien à aimer autour de lui sur la terre, que
la terre, il a une tendance naturelle vers le ciel, d'où il re-

(*) Voici ce que raconte Servan, que j'aime à citer en matière criminelle, et
ce qu'il raconte dans son *Apologie de la Bastille :* « M. de Vendôme disait, en
parlant des querelles, entre les mulets et muletiers, qu'il avait observé constam-
ment que *le mulet avait presque toujours la raison* de son côté ; il en est ainsi des
procès entre deux nommes de condition inégale; on peut à l'aveugle parier le bon
droit de la bête de somme, c'est-à-dire du plus faible. Or, dans ce monde, *le plus
fort et le plus riche, c'est tout un :* en cette qualité, il prend ses avances et ses
avantages : d'abord, il se saisit des principales avenues, dont il bouche facilement
l'entrée à sa partie, en y clouant l'opinion des meilleurs avocats : ensuite faisant
armer pour lui le plus redoutable chevalier du barreau, il laisse à son pauvre ennemi le choix d'un défenseur dans les jeunes *bacheliers.* »

« Le *plus fort et le plus riche,* c'est tout un ? » Après les journées de juillet
1830, ce n'était plus les Bourbons qui étaient cela, mais le peuple. En sorte que,
s'il y avait de la vérité, il y avait encore plus de flatterie et d'hypocrisie, mais aussi
de suicide de Châteaubriand, dans ces paroles de Châteaubriand aux Pairs du 7
août : « Jamais défense ne fut plus juste et plus héroïque que celle du peuple de
Paris. Il ne s'est point soulevé contre la loi, mais pour la loi; tant qu'on a respecté le pacte social, le peuple est demeuré paisible; il a supporté sans se plain-
dre les insultes, les provocations, les menaces: il devait son argent et son sang
en échange de la Charte; il a prodigué l'un et l'autre. Mais lorsqu'après avoir
menti jusqu'à la dernière heure, on a tout à coup sonné la servitude; quand la
conspiration de la bêtise et de *l'hypocrisie* a soudainement éclaté; quand une
terreur de château, organisée par des eunuques, a cru pouvoir remplacer la terreur, la république et le joug de fer de l'empire, alors le peuple s'est armé de son
intelligence et de son courage; il s'est trouvé que ces *boutiquiers* respiraient assez
facilement la fumée de la poudre, et qu'il fallait plus de quatre soldats et un ca-
poral pour les réduire. Un siècle n'aurait pas autant mûri les destinées d'un
peuple que les trois derniers soleils qui viennent de briller sur la France. »

Après avoir ouï des *parleurs,* écoutons un *héros* de Juillet, M. Cauchois-Le-
maire : — « On a beaucoup parlé d'exécutions militaires faites par le peuple sur
des pillards. Il s'en fit une à l'hôtel d'Elbeuf, place de Carrousel, sur un homme
qui avait pris de l'argent et des couverts chez M. Leduc, employé de la maison
du roi. On trouvait ses poches bien garnies ; « Tu as volé, » lui dit-on. —
« Non, je n'ai pas volé. » On secoua ses poches, et il tomba une cuiller et des
pièces de 5 francs. « Tu vois bien que tu as volé. . . . Tu es un gueux. » Et on
le fusilla sur la place — La chapelle des Tuileries ne fut pas respectée, sous le
rapport religieux, mais fut conservée matériellement. Un homme, le sabre à la
main, se tenait devant l'autel, et en remettait la nappe en ordre quand quelqu'un
la dérangeait. — Je ne m'étonne plus que M. Dupin, visiblement intéressé dans
l'affaire de la monarchie, ait accusé un jour la France (c'était le 9 novembre
1830) « de n'avoir pas assez de vertu pour revendiquer la république : » il
voyait en lui la France.

tombe, plus d'une fois, aux pieds de ses semblables, et même de ses supérieurs, comme un ami, comme un frère ou un serviteur.

Lorsque le peuple, lorsque l'homme du peuple arrive, par hasard, par bonheur, à la vérité, et par elle à la vertu, il est plus vrai, plus sage, plus habile que les grands et les rois, C'est toujours par le peuple que les vraies restaurations se sont opérées, le christianisme notamment. La Réforme et la Philosophie, la Révolution de 1793, et la Révolution de juillet 1830, en tant qu'elle sera un jour (et elle le sera) dénaturée, qui les a faites ou qui les fera? les mauvais princes, les princes efféminés, les princes sanglants, et quelquefois les princes du sang !!! C'est pour cela que j'ai pris aujourd'hui la défense du peuple.

Le peuple ordinaire, le peuple que nous laissons dans l'incertitude de la vérité et du devoir, que dis-je ! le peuple que nous plaçons dans l'ignorance ; le petit peuple, auquel nous ne savons ni procurer du travail, ni donner du pain ; le peuple-roi auquel nous n'avons l'art ni de décerner des honneurs, ni d'apprendre à les dédaigner; le peuple que nous mettons tous les jours en présence de notre ignorance personnelle, de nos passions, de nos crimes, et de nos crimes couronnés... !

Que voulions-nous qu'il fît contre... trois Pouvoirs?

C'est la seule question du procès :

Avouons-le, elle ne fait pas question !

Nous allons donc la résumer, surabondamment :

Le peuple *a vu, de ses propres yeux vu* ; il a vu en sept années (la nature, prouvée par l'histoire, ne permet pas de voir ou de se rappeler, de garder sur le cœur au delà) toutes les sortes de principes, les principes les plus contraires, également ou tour à tour soutenus par ses maîtres.

Il a vu les rois et les ministres reconnaître personnellement, proclamer jusque dans les chartes, laisser soutenir, et quelquefois encourager, la philosophie, c'est-à-dire l'égalité et la liberté des passions, aussi bien, et souvent mieux que le christianisme, c'est-à-dire l'abnégation, seul fondement possible de l'ordre public.

Il a vu la division s'établir, se manifester, s'aggraver dans la famille de ses rois.

Il a vu les nombreux abus de la Restauration, des cumuls impossibles, des élévations, des oublis ou des abaissements sans motifs.

Il a vu les anciennes familles que la révolution avait déshéritées, mais qui avaient elles-mêmes fait la révolution, redemander leurs anciennes fortunes à une génération innocente, née depuis la révolution, et dont les pères en avaient souffert comme tout le monde.

Il a vu des justices essentiellement partiales, des condamnations, des acquittements inouïs.

Il a vu les ministères se succéder, et détruire, les uns, ce que les autres avaient édifié.

Il a vu l'homme que le clergé semblait mettre à sa tête (il en fait encore aujourd'hui pénitence) redemander les temps où les pontifes étaient presque aussi souverains dans les états que dans l'Eglise, et menacer la France, les foudres pour ainsi dire à la main, de lui faire voir *ce que c'était qu'un Prêtre.*

Il a vu les abus, il a vu surtout l'opposition riche ou aristocratique active, habile, incessante, qui signalait, qui exagérait, il faut le dire, ces abus.

Voilà ce que l'homme du peuple (et l'homme du peuple ici c'est la France) a vu ; on sait ce qu'il a appris : au théâtre, et dans la littérature, les passions ; dans l'université, avant tout la *grandeur romaine,* l'héroïsme de Brutus, la tyrannie de César, et, par surcroît, les amours de Virgile et l'indifférence d'Horace.

Et puis, et comme pour couronner ses expériences, ses connaissances et ses préjugés sur ce qu'on appelait *la Restauration,* le peuple voit ces Ordonnances qui lui semblèrent les colonnes d'Hercule du despotisme exercé contre lui !

La révolution de juillet intervient. Il la *voit* assez, car il l'a faite, et il l'a faite en se jouant. Il l'a faite, et il en reçoit, d'un bout de la France, d'une extrémité de l'univers à l'autre, des félicitations que n'effaçaient point les satires isolées, ou intéressées. Il en sort un roi, qu'il ne prend pas même la peine d'élire (*), et dont il n'a que mieux la gloire : *Sic vos non vobis.* Il a vu, il a entendu ce roi lui faire *foi et hommage* de sa suzeraineté ; il sembla n'y avoir plus de différence ici, entre le créateur et la créature, que la *transposition* du titre royal :

Sous un roi citoyen tout citoyen est roi.

Etait-ce là un peuple qui pouvait dire :

J'ai fait des souverains et n'ai pas voulu l'être?

Et, franchement, le prince de Talleyrand pouvait-il dire : *Le peuple a donné sa démission?* Il n'a bien donné la sienne,

(*) Il fallait le Dupin-*scapin* pour dire dans sa brochure *Quoique Bourbon :* « Il a été librement choisi par le vœu national ; c'est là sa légitimité. La légitimité de Louis-Philippe est toute populaire ; c'est une légitimité pleine et entière, *la plus pure,* la plus honorable, la plus vraie, la plus éloignée de l'usurpation : elle lui a valu le beau titre de *roi citoyen.* » (*Révolution de* 1830.)

lui, l'homme le plus peuple et le moins peuple qu'il y ait au monde, que lorsqu'il l'avait reçue de la nature préalablement ! Aussi, le peuple s'est-il cru roi, a-t-il voulu demeurer roi, faute de mieux ; il a voulu l'être, avec d'autant plus de despotisme naturel, qu'on a bientôt voulu, ingrat qu'on était, hypocrite qu'on avait été, qu'il cessât d'être roi. Le peuple se crut donc, il dut se croire, à la fin de 1830, plus roi que jamais : car il voyait, mieux que jamais, un roi de sa façon reconnu, en apparence, par tout le monde, et même par tous les rois, par celui-là même qu'il avait remplacé !

Telle dut être sa *prétention!* Or voici comme elle a été trompée. Il est arrivé que ce roi qui lui devait tout, couronne, patrie, fortune, et peut-être sa tête, a fini (je parle toujours selon l'idée et l'imagination du peuple) par retourner contre son maître l'épée que celui-ci avait mise entre ses mains.

L'homme-peuple a vu l'homme-roi, ou le roi *de l'homme*, faire précisément tout ce qu'ils avaient blâmé, l'un et l'autre, pendant le règne précédent.

Et avec cela il l'a vu continuer de blâmer tout ce règne.

Il l'a vu partager en deux parts distinctes le peuple de juillet : l'une, pour l'élever à côté de lui, lui livrer exclusivement tous les avantages, tous les honneurs, toute la fortune et toute la gloire de la révolution ; l'autre, pour lui en laisser toute la misère et toute la honte, car il y a bien un vilain côté dans les choses les plus glorieuses.

Il l'a vu écarter, avec plus ou moins de franchise ou de prudence, les hommes qu'il se croit, à lui peuple, les plus et les seuls dévoués, les trois grands hommes, ou plutôt les trois grands rois de juillet : Lafayette, Laffitte (*), et Dupont de l'Eure.

Il l'a vu, au contraire, recevoir ou appeler autour de lui des hommes qui avaient déjà eu tous les priviléges de la Restauration ; qui avaient été coupables de toutes ses imprudences, de ses injustices, de ses catégories, et auxquels la volonté n'avait pas manqué pour les rendre éternels à leur seul profit.

Il a vu le roi du peuple élever, et conserver, à tout prix, précisément les hommes du peuple qui ont semblé le plus subitement, le plus imprudemment, le plus vénalement, le plus lâchement et le plus hautement ingrats envers le peuple.

Regardant de près le roi du peuple, l'homme du peuple s'est

(*) Il n'y a point de peuple, mais seulement de l'usurpation royale, dans le fameux mot de Laffitte (qui, n'osant se faire prince, fit *Princesse* sa fille) aux électeurs de 1834 : *Ma Maison* offre le résumé de la révolution de juillet.

rappelé le bruit public, historique, de son opposition de restauration au membre régnant de sa famille, qui, plus d'une fois, se trouva dans le cas de lui dire le terrible : *Tu quoque !*

Il l'a vu traiter en étrangère, en criminelle, la femme, forte même en ses faiblesses, qu'il avait jadis saluée comme reine, et qui s'était élevée, sinon dans la pensée des sages, du moins dans l'opinion publique, en se faisant, toute seule, homme et même roi contre lui !

Il se rappela les millions d'indemnités reçus, possédés, multipliés, ajoutés aux millions patrimoniaux, sur la tête de l'homme dont le père s'était dit : *Égalité.* Il a vu, à tant de terres, à tant d'or natifs ou légaux, se joindre encore plus d'or *civil* et constitutionnel ; il a vu *Pélion entassé sur Ossa*, et la plus grande fortune européenne s'accroître, par la grâce d'une femme..., de la plus grande et de la plus terrible succession prématurée.

On sait la *Lettre* que le duc d'Orléans écrivit à l'Évêque de Landaff, le 28 juillet 1804, en apprenant la mort du duc d'Enghien. « ...Son sort est un avertissement pour nous tous. *Il nous indique que l'usurpateur ne sera jamais tranquille tant qu'il n'aura pas effacé notre famille entière de la liste des vivants.* Cela me fait pressentir plus vivement que je ne le faisais, quoique cela ne soit guère possible, le bienfait de la généreuse protection qui nous est accordée par *votre nation magnanime.* »

Hélas ! pour être saignée à blanc, *notre famille* infortunée n'avait pas besoin d'une main étrangère, elle n'avait besoin que de la sienne !

Et toutefois le *suicide* est bien autrement funeste que le meurtre.

A votre place, j'eusse dédaigné, je jetterais aujourd'hui là, alors même que je ne serais coupable que de loin (et la famille est bien un peu solidaire, si la société ne l'est pas), je me laverais encore les mains d'un or sanglant.

Je ne souffrirais pas qu'un de mes enfants en fût souillé.

Je me fusse rappelé que l'ancien *Deutz* lui-même *reporta les trente pièces d'argent, qu'il les jeta dans le temple, que les princes des prêtres* eux-mêmes *dirent : Il ne nous est pas permis de le mettre dans le trésor, parce qu'*elles sont *le prix du sang ; et* qu'*ils en achetèrent un champ pour la sépulture des étrangers, auxquels ils donnèrent le nom* de sa tache originelle : HACELDAMA ! *le champ du sang !*

Je l'eusse employé, cet or régicide, à dresser, en quatre lieux, un monument quatre fois expiatoire du 21 *janvier* 93, du 20 *mars* 1804, du 13 *février* 1820, et du 27 *août* 1830. J'eusse, avant tout, fait trembler, d'un regard, en ma présence, la *Femme hardie,* la femme au front qui ne *rougit* jamais, qui fût venue m'apprendre la mort de son maître,

Et, sa tête à la main, demander son salaire.

J'eusse redouté le terrible adage de droit romain et de droit français, de droit civil, et même de droit royal : *Is fecit crimen cui prodest.*

Et je me fusse rappelé avec effroi le mot que la mère de mon premier ministre, Madame de Staël, rapporte, dans ses *Considérations sur la révolution :* « Comme on annonçait un jour les Princesses *du sang* à la cour de Bonaparte, quelqu'un (*sic*) dit : *du sang d'Enghien* ! » ajoutant que « tel fut en effet le baptême de cette nouvelle dynastie. »

Quoi qu'il en soit, l'homme du peuple a vu le roi du peuple ajoutant à son élévation, à ses enrichissements, les enrichissements de sa famille, faire et menacer de faire, comme autrefois le peuple romain, des rois pour instruments de son usurpation : *Ut haberet et reges instrumenta servitutis !*

S'élevant plus haut, et le peuple quand il est vraiment libre, vraiment lui-même, s'élève aussi haut que les meilleurs philosophes, il a vu le plus terrible *fléau de Dieu*, le signe le plus éclatant de sa *Colère* bienfaisante, fondre sur la France, précisément depuis l'avénement du pire de tous les Bourbons (*).

Voilà une partie de ce que l'homme du peuple a vu, de ce qu'il voit, de ce qu'il entend, de ce qu'il lit tous les jours, sur le roi. Voici ce qui le regarde dans les affaires de la royauté nouvelle; ce qu'il ressent individuellement ; ce qu'il souffre ; ce qu'il est porté à imputer, bien qu'injustement, à la royauté nouvelle. Il voit, à la conscription, dont il supporte seul le poids, se joindre la majeure partie, la partie où le dévouement n'est point accompagné de l'honneur, de la garde nationale. Il voit le budget de l'année actuelle toujours plus énorme que celui de l'année précédente. Il voit (car ici pour lui entendre, c'est voir) à des dettes connues, ajouter des dettes ignorées, anciennes, étrangères, énormes, et qui lui semblent avoir été comme inventées, pour rendre odieuse, et à jamais impossible en France, la république d'Amérique, si chère à l'homme du peuple de France. Il se voit, seul pauvre, seul délaissé, sans connaissances utiles, sans emploi, quelquefois sans pain, n'étant pas sûr d'un lit à l'hôpital. Il voit, lorsqu'il s'est laissé

____

(*) C'est un antique usage en Chine, dans les calamités publiques, que les rois s'accusent de leurs fautes devant leurs sujets, et qu'ils s'imposent une pénitence publique, comme premiers coupables. Le dernier roi du Tonking a composé sa confession, où il retrace le *Choléra* qui a moissonné, en 1820, le dixième de la population chinoise. (Voir *la Propagation de la Foi.*)

aller au désespoir d'une émeute, ou seulement d'un rassemblement machinal, que, comme il n'y a point eu de gouvernement clairvoyant pour le mettre en garde contre lui-même, il n'y en a point d'honorable, point de français, et qu'il y a d'*allemand* pour l'arrêter ; qu'il n'y en a point de paternel, point de juste, qu'il n'y en a pas toujours de légal et d'humain, pour le punir. Lorsqu'il s'est élevé, lui ou les siens, car tout ici est solidaire. à ce qu'il croit son droit, son devoir peut-être, et le dernier acte de son héroïsme, il se voit traîné de prisons en prisons, de juges en juges exceptionnels; et cela par ceux-là mêmes qu'il a faits ce qu'ils sont, tout-puissants contre lui ! Et puis, comme pour ajouter à l'égoïsme, à la dureté, à l'impopularité, l'ironie, ces mêmes hommes proclament sur la ruine (ils proclameraient, je crois, sur le cadavre) de leurs victimes, la souveraineté de leurs victimes !

Ille Crucem sceleris pretium tulit, *hic Diadema.*

(JUVÉNAL, Satyre 13).

Les hommes du peuple voient toutes ces choses : ils les sentent, ils en sont personnellement pénétrés ; si l'un d'eux l'ignorait, il l'entend dire et crier tous les jours par tous les journaux, et par tout le monde. Ils voient les barreaux de toutes les villes se lever comme un seul homme pour prendre, à tout prix, leur défense. Ils voient le plus éloquent des prêtres, celui qu'on leur présenta 15 ans comme le plus grand apologiste de l'Eglise romaine, c'est-à-dire d'un Dieu innocent crucifié, chercher la gloire (qui le fuit ailleurs) dans leurs conseils, et trouver, si nous osons le dire, dans leurs cachots, le sanctuaire !

Tant de choses données, il faut le reconnaître, il faut l'avouer, il faut le crier, ou rien ne saurait être reconnu dans les affaires humaines, l'homme du peuple, et par conséquent tous les hommes du peuple, ont pu, ils ont dû croire, ils ont dû être convaincus que la *comédie de quinze ans* était une comédie auprès de la tragédie de quatre années! Donc, ils sont, philosophiquement parlant, innocents. Ils sont amnistiables du moins ; *quod erat demonstrandum.*

Mais on peut, il faut même s'élever plus haut pour voir encore mieux, je ne dirai pas la convenance et l'opportunité de l'amnistie, mais sa légitimité, mais sa justice, mais son égoïsme, mais son habileté et son urgence. L'amnistie est tout cela à la fois, par la raison, démontrée par le sens commun aussi bien que par la philosophie et la religion, par la raison qu'une royauté nouvelle et *de main d'homme* est seule, toute seule, exclusivement, l'occasion et même la cause des oppositions et des crimes d'Etat commis sous son règne. Elle sera, cette cause, éternellement. Parce qu'avant son existence, elle n'a pu se préparer, pendant son existence se soutenir, et même après

sa fin se faire oublier ou se rappeler qu'à la faveur d'une com-
motion universelle dans les esprits, d'une secrète ambition
dans les cœurs, d'une révolte toujours flagrante dans les vo-
lontés.

Quoi qu'il en soit, et en résumé, il est vrai de dire que la
première excuse, ou du moins la cause seconde de la révolte
de *juin* et de celle des hommes d'*avril*, comme la cause de l'insurrection des héros de juillet (*Felix culpa!...*), c'est le roi de
juillet. C'est lui qui devrait dire, à plus juste titre que Nisus à
Euryale dans Virgile :

> ... *Me, me adsum qui feci...*
> ... *Mea fraus omnis : nihil iste nec ausus,*
> *Nec potuit.*

Il dit, ou plutôt il semble dire, au contraire : A moi l'inno-
cence, à moi l'héroïsme, à moi la liberté (*).

Mais aussi les hommes d'avril, qui savent qu'il n'y a pas
deux poids et deux mesures au monde; qui sentent que, s'ils
furent *héros en juillet* (**) ils le sont *à fortiori* peut-être, en
avril, lui répondent, avec tous les philosophes et même avec
tous les théologiens; et d'abord, avec Cicéron, dont les *Lois*
représentent tout le paganisme: «Que les grands soient un modèle pour le public; tout ira bien, si cela est. Pour infecter la
ville entière, il suffit que leurs passions et leurs vices éclate-
tent : comme aussi, pour y mettre la réforme, il suffit qu'ils
se contiennent..... Rappelez-vous la mémoire des temps pas-
sés, et vous verrez que CE QU'ONT ÉTÉ LES GRANDS, LE RESTE
DES CITOYENS L'A TOUJOURS ÉTÉ. Ainsi les grands qui vivent
mal, sont doublement coupables et pernicieux à l'Etat; car,
non-seulement ils sont corrompus, mais ils corrompent, et
l'exemple qu'ils donnent est pire que le mal qu'ils font. »

Ils lui répondent, ce qu'au rapport du peintre de la tyrannie et des usurpations, Clémens répondit à Tibère, qui lui de-
mandait de quel droit il s'était fait Agrippa : «*De celui dont tu
t'es fait César!* » Ce que répondit un soldat à Marius, qui, de
maître de forges, devint l'un des trente tyrans des Gaules sous
Gallien, et fut percé d'une épée · « *C'est toi qui l'as forgée!* »
Et le Dalmate Baton aux Romains : — « Prenez-vous-en à

____

(*) « *Personne n'est plus que moi ami de la liberté.* » — Réponse du roi à la
ville de Montmédi. — *Ami de la liberté*, répliqua un jour Royer-Collard, *amant
de la puissance.*

(**) Louis-Philippe a dit dans sa première *Proclamation aux habitants de
Paris* : « Je n'ai pas balancé à me placer au milieu de votre héroïque population;
en rentrant dans Paris, je portais avec orgueil les couleurs glorieuses que vous
avez reprises, et que j'avais moi-même long-temps portées. » Et dans son premier
Discours d'ouverture des Chambres : « Je suis accouru au milieu de ce vaillant
peuple. »

vous-même, si nous sommes révoltés ; pour paître vos troupeaux, vous envoyez des loups et non des pasteurs. »

« Ils lui répondent, avec les précepteurs et les prédicateurs des rois, avec les *Directeurs de la conscience des Rois :* «Une étincelle ici cause un incendie. Une action d'un roi fait souvent une multiplication et un enchaînement de crimes, qui s'étendent jusqu'à plusieurs nations, et à plusieurs siècles. » Et avec Bossuet, doublement prophète et de la Restauration et de la révolution de juillet, de la branche aînée et de la branche cadette, dans l'*Oraison funèbre* de la femme de Charles Ier : « Quelque haut qu'on puisse remonter pour chercher dans les histoires les exemples des grandes mutations, on trouve que, jusqu'ici, elles sont causées *ou par la mollesse* ou *par la violence* des princes. Quand les princes négligent de connaître leurs affaires et leurs armées, ne travaillent qu'à la chasse, comme disait cet historien (*Venatus maximus labor est.* Quint. Curt.), ou quand, emportés par leur humeur violente, ils n'ont plus ni lois ni mesure, et qu'ils ôtent les égards et les craintes aux hommes, alors ou la licence excessive, ou la patience poussée à l'extrémité menacent terriblement les maisons régnantes. »

Ils lui répondent enfin avec M. Guizot, dans le seul un peu vrai de ses livres nombreux, la *Justice politique :* « Le gouvernement était institué pour être bon, c'est-à-dire pour satisfaire aux besoins généraux de la société : si l'état de la société est mauvais, cela prouve que le gouvernement n'est pas bon. » — « Vous le voyez, le fait est constant ; il y a eu complot, un grand complot ; maintenant je dis que ces hommes-là en sont coupables (*) » — « Un bon médecin sait l'hygiène, la santé, il se dispense de recourir aux remèdes violents. Les gouvernements *sont tenus* de savoir l'hygiène du corps social ; leur institution n'a pas d'autre fin ; et c'est quand ils ne le savent pas qu'ils sont contraints de convertir l'espionnage en provocation, le mécontentement en complot, la justice en politique. » M. Guizot insiste sur le grand point de la criminalité du pouvoir dans son malheureux *Gouvernement représentatif.* « Ce sont des révolutions faciles à terminer que celles où les peuples ne résistent et ne combattent que pour être libres ; quand elles entraînent des déchirements, c'est à l'injustice et à la mauvaise conduite des gouvernements qu'il faut l'attribuer. Dans la discussion qui eut lieu en Angleterre sur la traite des nègres, un partisan de la

---

(*) Je dis, moi : Comment l'homme qui a dit cela, et fait si longtemps, et si orgueilleusement, et si brutalement, jusqu'au 24 *Février* 1848, tant de *complots* de ce genre, a-t-il osé affronter le peuple de Paris en 1849...? C'est la plus grande glorification de ce peuple qui se puisse imaginer.

traite disait, pour la justifier, les révoltes continuelles d'esclaves : — « Oui, s'écria Fox, forcez-les à devenir fous, et
plaignez-vous ensuite de ce qu'ils le sont ! »

Mais, me dira-t-on, avec votre système de tolérance et
de rémission, les hommes qui ont pu se révolter impunément, se révolteront de nouveau, et sans fin, jusqu'à la
victoire inclusivement. Ceux que la crainte du châtiment a
retenus se laisseront aller avec l'espérance de l'impunité ; et
l'ordre public sera sans cesse troublé? Les premiers ne se
révolteront de nouveau que mieux, avec la peine. Les se-
conds n'en seront que plus enclins à se révolter, avec elle.
La terreur du châtiment, qui peut être de quelque considération dans les temps et pour les crimes ordinaires, c'est-à-
dire tenus pour crimes par tous les partis et tout le monde,
est nulle dans les temps et pour les attentats exceptionnels,
les seuls dont il s'agisse ici. Le sang des chrétiens était gé-
nérateur des chrétiens, disait Tertullien : *Sanguis martyrum
semen christianorum :* cela est vrai du sang des républicains,
lorsque la république est devenue, par le fait de républicains
devenus rois, ou de rois qui se flattent et se laissent flatter
du titre de rois-républicains, un parti honorable et même
redouté.

Mais quand viendra le temps de punir et de punir efficace-
ment? Lorsque le droit sera venu ; lorsque les précédents de
la dynastie seront oubliés ; lorsque le changement de règne
sera expié par un changement de capacité et de justice dans
les gouvernants, un changement de bien-être dans les gou-
vernés ; lorsque la faculté, lorsque la puissance enfin de punir
seront arrivées : car c'est bien une difficulté que l'impuissance ! Et, pour tout dire, en un mot, comme le titre de notre
ouvrage, lorsque d'amnisties en amnisties, le gouvernement
de juillet se sera élevé au privilége, éminemment royal, de te-
nir levé le glaive, et de faire accepter ces beaux vers de Casimir
Delavigne :

> Peuple affranchi, dont le destin commence,
> Croise tes bras après ton œuvre immense!...
>   Peuple! repose-toi!

Jusque-là, la justice proprement dite, et surtout l'extrême
justice, est une injure extrême : *Summum jus, summa injuria,*
comme disait le droit de la république romaine

. . . .

L'amnistie n'est pas utile, je le sais, pour désarmer les ennemis, car elle les irrite en secret. Les hommes du peuple sont
tentés de dire au roi du peuple (*), comme jadis à Mirabeau

____

(*) En attendant, ils disent à son procureur-général, requérant provisoirement
contre eux le minimum d'une peine : Nous en voulons le maximum !

Beaumarchais : *Reprenez votre insolente estime* ! ou à plus juste titre que l'énergique comte de Saint-Roman, aux *patriotes du sol*, en sa qualité d'émigré royaliste : *Nous ne recevons pas de pardon, nous pardonnons* !..... Mazarin laissait *chanter* pour qu'on le *payât ;* nous pouvons bien , nous , laisser raisonner, et même déraisonner, puisque nous demandons la tête !

Mais l'amnistie est bienfaisante, elle est nécessaire pour faire aimer celui qui la donne par la grande majorité, toujours indifférente, de la nation qui n'a pas besoin d'amnistie, et qui, à la longue, seule peut prévenir les troubles qui rendent l'amnistie nécessaire..... »

Ce qui manquait à notre logique de l'amnistie dans *le Roi devant ses pairs* de 1834, nous avons été assez heureux pour le dire, et à temps plus opportun et plus brûlant encore, dans la *Presse prophétique*, laquelle a *date certaine* dès le 8 *juin* 1848 : «S'il y avait dans la guerre civile de *juin* des *innocents*, plus innocents que tous les autres, ce seraient ceux qu'on est convenu d'appeler, et qu'on croit en justice, les *grands coupables*.... Qui sait , dit le prophète-roi, la nature intime du péché? *Delicta quis intelligit?* (« O justice humaine ! s'écriait l'avocat général Servan lui-même, que de choses il vous manque pour être juste ! »)

« Précisément , parce qu'ils furent les plus hardis, les plus courageux , les plus autorisés, LES PLUS AIMÉS DES IN- SURGÉS par les insurgés; les plus consciencieux même, et les plus rationnels, par cela seul qu'ils furent les chefs, et par conséquent les seuls capables d'influer sur leurs gens, et de rendre utile ou vraie la soumission ultérieure de tous ; — les seuls dont la poursuite et le châtiment exclusifs par les vainqueurs sembleraient une crainte, et même une ingratitude et une vengeance personnelle des vainqueurs ;—les seuls dont la mise en liberté soit vraiment une manifestation de clémence et une preuve de force et d'avenir dans le gouvernement.

« Il doit en être, en France surtout, par le temps qui court, et lorsque les combattants ont porté (et par conséquent porteraient encore) le courage jusqu'à la rage.... il doit en être, disons-nous, encore mieux d'une guerre civile que d'une étrangère : tout ce qui n'est pas tombé sur le champ de bataille (au désarmement près), respecté par Dieu, doit l'être par la société.

« Les insurgés de *Mai* sont assez punis par leur insuccès, assez punis par Dieu lui-même, sans l'être encore par les hommes, et par quels hommes? ceux-là même qui furent naguère leurs amis, et qui triomphèrent avec eux, par eux, et pour eux. — Ce qui a fait dire, chez tous les peuples, et à toutes les époques, que dans les guerres *civiles* (proverbe seul admirable à prouver l'*égalité* des combattants), il n'y a jamais de coupables, mais seulement des vaincus et des vainqueurs.

« L'Écriture, qui est, après tout, le meilleur juge, si elle n'est pas le seul, de la morale et de la politique, ne commande et ne glorifie, comme moyen de durée personnelle et d'amour public, principalement pour les chefs des Etats, que la grandeur d'âme et la clémence. Elle plaît au Seigneur, si miséricordieux lui-même, bien autrement que les victimes ; c'est la *justice* même par excellence : Facere misericordiam et judicium, magis *placet Domino*, quàm victimæ. C'est par elle seule que la République se fortifie : *Et roboratur clementiá thronum ejus.* Prov. XX, 28 ; XXI, 3.

« TOUTE FORCE QU'ON OTE AUX BRAS CONTRE SOI, ON LA DONNE, ON LA DECUPLE, A LA LONGUE (qui n'est jamais longue à présent), CONTRE SOI, AUX AMES, LESQUELLES APPELLENT, A LEUR TOUR, LES ARMES.

« Alors même qu'ils ne s'excuseraient point par la terreur panique de l'avenir et de la faim, dès que les attentats sont nombreux et populaires, et qu'ils s'opèrent le front haut, comme à présent, je ne voudrais, pour démontrer l'iniquité de la peine, que son impossibilité morale et même physique absolue : — La peine *politique?* par ses vieux souvenirs de camaraderie. — La *militaire?* par la générosité. — La *civile?* par sa peur. — La *publique* (ou *l'opinion*)? par son silence. — Et, encore mieux, l'impossibilité de la nature de la peine : car l'*emprisonnement* donne la chance d'une recrue toute prête pour émeute ; et la *déportation* (qui rougit sous le nom de *transportation*), est la certitude à la fois d'une peine pour les conducteurs, d'un malheur peut-être pour les innocentes colonies, et même d'une infraction de ban et d'un retour des transportés... »

V. L'esprit révolutionnaire des Nobles et des Grands... et premiers mauvais sujets.

Noblesse... n'oblige.
 « Les plus nobles d'aujourd'hui ne sont plus que *les mânes* de leurs ancêtres. » Rivarol (*)

Plût à Dieu que les nobles ne fussent que des *mânes!*

On a publié sous la Restauration un livre, *de leur Esprit révolutionnaire* (**) contre la Restauration, qui n'eut garde de le

---

(*) Le même Rivarol, s'anoblissant *ad hoc*, disait des parvenus de son temps, ce qui est encore plus vrai de ceux du nôtre : « Ils ont sauté du derrière de la voiture en dedans, en évitant la roue. »

(**) Un autre ouvrage moins vrai avait paru en 1820, sous les initiales *Paul de P...*, avec le titre de *Ligue des Nobles et des Prêtres contre les Peuples et les Rois.*

poursuivre : car le fait et le titre sont tellement historiques, qu'en l'attaquant, la Restauration aurait par trop rappelé ses méfaits, et paru se poursuivre elle-même.

Et toutefois le livre, plutôt politique que religieux, avait omis les plus grands attentats, les conspirations les plus intimes des classes élevées contre les classes élevées. Car les grands propriétaires sont les plus grands ennemis des grands propriétaires ; et les princes, après les Rois, les plus grands ennemis des Rois.

Ils ne *méprisent* le peuple (qu'ils ne croient pas digne de leur *haine*), ou ne le flattent et ne le corrompent (*) que pour le retenir ou le lancer, en temps et lieu, contre leurs ennemis.

Car, ce que ces Messieurs appellent des *coups* d'*Etat*, sont des coups de canon ; et les bombes sont toujours les têtes du peuple contre les têtes du peuple, qu'ils définissent de la *chair à canon*.

Et pour cela, nulle haine entre eux ne les retient. D'ennemis entre eux à la vie à la mort, ils se font amis, comme les Rois : « *Facti sunt amici Herodes et Pilatus in ipsâ die : nam anteâ inimici erant*. Luc, XXIII, 12.

Toute l'histoire ancienne, et surtout la moderne tout entière, depuis celle des *Rois* dans l'Ecriture, et celle écrite par les nobles (**) aussi bien que celle écrite par les indépendants, jusqu'à celle de Thucydide et de Xénophon ; et depuis celles de Tite-Live et de Tacite, jusqu'à celles de Crevier et Lebeau, du *Bas-Empire ;* de Lévesque, de Russie ; de Schmidt, et de Mentzel, d'Allemagne ; de Paul Jove, et de Sismondi, des *Républiques d'Italie ;* de Mézerai et d'Hénault, de France ; d'Hume et de Lingard, d'Angleterre ; de Mariana et d'Orléans, d'Espagne et de Portugal,... font foi que les grands sont toujours les premiers, les secrets, les hypocrites moteurs des révolutions politiques, dont les peuples sont toujours les plus grandes victimes. Et, pour ne rappeler que les derniers exemples à la

---

Un autre ouvrage à citer en témoignage est l'*Histoire des Conjurations*, en 10 volumes, dédiée au duc d'Orléans, par le savant Duport-du-Tertre, père du dernier et malheureux garde des sceaux de Louis XVI.

(*) Et les premiers empereurs chrétiens ne sont que les premiers à le reconnaître, aveugles et régicides qu'ils sont : *Primates viri, populi studiis ac voluptatibus grati esse cupiunt*. 1r. Cod. *de Spectaculis*.

(**) Nous ne voudrions encore, pour prouver l'ambition, l'esprit usurpateur et la tyrannie native des nobles et des anoblis, que l'absolutisme incessant de leurs publicistes. Depuis Machiavel, patricien éminent de Florence ; le baron de Puffendorf, secrétaire du Roi ; Grotius, fils et père d'ambassadeur de Roi ; le comte de Boulainvilliers, qui porta la haine secrète de la France, naturellement libre, au point de l'amour secret de Constantinople ; et même le baron de Montesquieu, lâche flatteur de la Pompadour ;... jusqu'au conseiller d'Etat de Louis XIV, Bossuet, dont la *Politique* est encore plus profane que *sainte*.

suite de tous les autres (*), et ne parler que de la France, ce sont, à force de vérité, autant de lieux communs historiques que les *Maires du Palais*, traîtres aux Rois ; les branches cadettes, traîtres aux aînées ; les Dauphins même, traîtres aux souverains ; les grands de ville, traîtres à ceux de cour ; les parlements, traîtres aux ministères ; les ministères eux-mêmes, à la fois flatteurs et traîtres des princes ; les états-majors (Monck, etc.), traîtres aux armées ; les grandes assemblées du peuple elles-mêmes, traîtres au peuple les premières !

Et, dans les grandes Aristocraties, ou les Corps : les individualités les plus riches, toujours les premières à l'envie, à la haine, à la conjuration, à la perfidie, à la révolte.

La plus grande cause première de la révolution de 1789-1793, ce fut le représentant orgueilleux et libertin de la branche abâtardie d'Orléans ; la plus grande, des révolutions de 1830 à 1848, le représentant avide et orgueilleux de la même branche, prophétisé dans ces paroles, *ad hominem*, du Dieu de Job, qui le laissait régner : « *Qui regnare facis hominem hypocritam propter peccata populi*. XXXIV, 30.

La cause seconde (et par là première) de nos révolutions, et l'éternel *Moniteur* est là pour le prouver,.... c'est le second ordre de l'Etat, successivement dans l'assemblée des Notables ; dans les Etats-généraux ; dans la Constituante ; dans la Législative ; et jusque dans la Convention !... Ce n'est point la volonté qui manqua aux grands seigneurs, s'ils ne figurèrent point, de leurs personnes, dans les *Comités de Salut public*. La majorité des nobles du premier ordre furent régicides, presque aussi bien que la majorité des curés du Tiers !!!

Nous avons essayé ailleurs (dans le *Manifeste de l'Eglise Romaine*) l'histoire des Apostasies nobiliaires, et nous n'en rapporterons ici que le résumé, philosophique ou politique. Il ne saurait rien y avoir, en fait d'immoralités pratiques et littéraires, que les *Egalité* et les *Brienne* au-dessous des ducs et des duchesses d'Aiguillon d'une part, et des ducs et duchesses de Lauzun et Biron de l'autre. Les Montmorency eux-mêmes choisissaient pour leur précepteur le jeune abbé Si eyès.

Lorsque la noblesse apostate, lâche, et même efféminée, au défaut de l'habileté et de la générosité, s'éleva ou s'abaissa aux crimes, pour se soutenir ou se relever, elle ne sut que les susciter, tantôt dans un *garde du corps* isolé de Paris, et tantôt dans une jeune fille de province ; et toujours en se fai-

---

(*) A Rome, le plus grand scélérat, Catilina... (les plus ardents tribuns du peuple, et surtout les Esclaves révoltés, n'étaient que les *innocents* auprès), était plus patricien et même moins criminel que Caton, qui vendait sa femme à Hortensius, et prêtait à 100/100 à tout le monde.

sant, et au peuple, autant de mal qu'elle croyait de bien. L'assassinat de Marat, désarmé, tranquille et confiant, par la contradictoire Charlotte de *Corday d'Armans* (quelle *noblesse obligatoire!*), parente de Corneille, nourrie de Plutarque et de Jean-Jacques, refusant un prêtre fidèle pour se confesser, et se faisant introduire à l'assemblée par l'apostat Fauchet; le second guet-à-pens et l'assassinat de Michel Lepeletier de Saint-Fargeau, par le plus grand propriétaire de France, le noble garde du corps Pàris; l'assassinat du représentant Ferraud et de Boissy d'Anglas, en pleine Convention, le 1ᵉʳ Prairial, par l'Aspasie du *Coureur* du prince de Condé; comme plus tard l'assassinat judiciaire, pire que le flagrant délit, du duc d'Enghien (*), par les Ducs de Bonaparte; et de nos jours l'assassinat, presque avéré, du dernier des Condé, par la Feuchères de Louis-Philippe, firent autant de mal à la noblesse elle-même et à la royauté, qu'elles en attendaient de profit!

Le Marquis de Lafayette, traître à sa façon, se contentait de dormir,... avant, pendant ou après les attentats : « au 6 octobre, dit Rivarol, il fallut réveiller cet autre Morphée; » et la preuve de sa trahison du peuple en faveur de Philippe-Egalité, est sa proclamation finale de Louis-Philippe comme la *Meilleure des républiques.*

Ce qu'on voit dans les grands *venus* (**), on le voit encore mieux dans les derniers venus, ou les *parvenus.* C'est le premier des *Marchands* de Paris, leur *Prévôt*, Marcel, qui fit la fameuse boucherie de la *Jacquerie ;* comme ce sont leurs premiers *Banquiers*, Laffitte et Périer (***), qui sacrifièrent la branche innocente à la criminelle; et qui aujourd'hui sacrifieraient les deux branches, et tous les arbres du monde, s'il le fallait, à l'orgueil de leur or...

Le plus fameux traître de l'univers, vrai *démon du Midi* (il

(*) Et peut-être le régicide de toute la branche aînée, dans son seul rejeton productif, le duc de Berri, par un ancien attaché aux écuries de l'île d'Elbe, etc.

(**) Tel dernier acteur de prétendant dernier, est encore mieux le sujet de la loi des révolutions les plus fatales par les plus aristocrates. Mais il y a plusieurs sortes d'aristocraties. La pire de toutes, c'est celle du pauvre, orgueilleux et vénal. Le seul achat d'un avocat fameux, aujourd'hui oublié, constituait, de la part des acheteurs, et de la part du vendu, le *cynisme de l'apostasie*,... Et aussi, a-t-il été maudit, presque aussitôt que consommé, par la mort avant le temps et presque tragique de la femme bien-aimée du dernier...

(***) Et quelle est l'impudence, quelle est surtout l'imprudence des nobles, se disant et se faisant républicains, sinon de la veille, au moins du lendemain, et jurant directement ou indirectement l'article 10 de la *Constitution de la République Française* : « Sont abolis à toujours *tout* titre nobiliaire, *toute* distinction de naissance, de classe ou de caste », ne craignant pas de réexhumer leurs noms et leurs armoiries, que l'immense majorité d'*indignes* avait pris soin d'*abolir à toujours* par provision ?

était Gascon comme eux), et parvenu du prolétariat à la cour, et même à l'empire, Rufin... appela jusqu'aux barbares du Nord, et leur livrait le plus grand et même le seul empire du monde, l'empire d'Orient,... sans la main d'un petit fléau de Dieu qui frappa le grand, et qui valut la plus grande consolation aux peuples, et la plus grande terreur aux tyrans ; comme à la poésie son plus beau vers .

> Abstulit hunc tandem Rufini pœna timorem,
> *Absolvitque Deos...*   CLAUD.

VI. L'esprit réactionnaire révoltant des Prêtres propriétaires, et surtout des Prêtres souverains, cause première et finale de toute révolution.

Altitudines Satanæ. APOC. II, 24.

Mais si toutes les révolutions sont politiques, elles sont encore plus religieuses. La Religion étant, avant et après tout, d'esprit et de cœur humains, tantôt pour être crue, tantôt pour être oubliée (niée, jamais), est, avant et après tout aussi, d'action ou de passion privée et sociale. En sorte que tout s'explique avec elle, et rien sans elle. Première grande loi. La seconde, c'est que les révolutions, qui s'opéraient jadis par les Rois aspirant au cumul des deux puissances, se fomentent et s'opèrent à présent par les Prêtres qui aspirent à la royauté ou à la propriété. Le 1er Livre des *Rois* dans l'Écriture démontre le premier point ; et toute l'histoire du Christianisme, comme sa théorie, démontre le second, dans l'*Histoire ecclésiastique.*

Une troisième loi, grande concurremment avec les deux autres, c'est qu'en général, les peuples les plus susceptibles de révolution active ou passive, sont précisément les meilleurs, et les plus religieux en apparence. La raison en est simple, et même connue : c'est que le mal, étant plus grand, est plus sensible dans un bon peuple que dans un mauvais. En conséquence, le Peuple de Dieu, fut, dès le principe, aussi perturbateur et troublé que l'était peu l'empire des Nabuchodonosor.

C'était, dans le premier, la vie militante, pour laquelle l'homme est né ; et dans le second, pour employer un exemple et un mot de notre siècle : *l'ordre régnant à Varsovie.*

Les combats incessants et les victoires et les martyres des Machabées, les derniers Juifs, et comme les premiers chrétiens anticipés, en présence de l'immobilité glaciale et corrompue des derniers Romains d'Italie, sont une dernière preuve de la vérité en question dans l'ère ancienne.

Dans la nouvelle, les preuves abondent encore plus.

Et d'abord, de Jésus à Judas ; des martyrs, aux bourreaux ; du peuple chrétien, au peuple juif ; de la chrétienté, à tout le paganisme, tout le monde en fut à l'état perpétuel de vie et de mort tragiques.

Aujourd'hui, c'est le peuple d'Israël dispersé, et comme converti et chrétien *in petto*, qui est le plus à l'état de vie et de victoires militantes.

Guerres et révolutions continuées, où l'on voyait, toujours, continuées aussi, en première ligne, la dégradation des pouvoirs ; en seconde, les avertissements des sujets fidèles ; en troisième, les envies et les colères des pouvoirs dégradés ; en quatrième, les indignations populaires.

Ainsi, la Chrétienté en général est aussi naturellement révolutionnaire, et révolutionnée, que l'empire des Turcs ou le *Céleste empire* des Chinois sont pacifiques ; et les nations catholiques et romaines, autant agitées et agitantes, que sont froides et comme mortes les grecques et les protestantes. La Rome et l'Italie de Constantin le Grand, le premier *Empereur-Chrétien* (deux contradictions), fut la première cause aussi de toute la *Bassesse* des premiers chrétiens de Byzance. Et ce furent les raisons providentielles, à la fois, de la translation de l'Empire à Constantinople, du triomphe apparent et de la défaite réelle de la Papauté à Rome.

C'est à cette date, en effet, que l'on voit, en même temps que la majorité des Papes se croire et se développer Rois, la plupart des ecclésiastiques aspirer à l'épiscopat, et tous les *princes* aspirer à la *royauté*. Et, delà, et de ce mal, et comme remède, toutes les républiques et toutes les guerres d'Italie ; et, accessoirement, les monarchies, quasi démocratiques, à force d'être nombreuses, de France et d'Espagne, d'Allemagne même et d'Angleterre (l'Irlande, la seule pauvre et la seule vraiment fidèle de ses provinces, étant la seule pauvre et l a seule irritée, est, par là même, la moins malheureuse).

De là surtout la venue et l'invasion des Rois et des peuples barbares, bien plus encore (saint Jérôme le redit sans fin) contre la vie nouvelle de l'empire romain des Papes postérieurs à Constantin, que contre les restes et la mort de l'empire romain des douze Césars...

Entre toutes les puissances du jour, la plus forte est la Russie ; car elle est, à la fois, la plus croyante (la Turquie ne l'est plus), la plus pauvre et la plus guerrière.

Entre les Amériques, l'Espagnole est la pire, étant la riche.

Il en est des temps dans les peuples, comme des peuples eux-mêmes. Les plus sacerdotaux, ou le moyen âge, ceux des Croisades, sont aussi bien les plus malheureux par leurs envahissements, que les plus heureux par leurs défaites.

L'avant-dernier temps de la prétendue *Fille aînée de l'Eglise*, la quelle n'était que sa bâtarde, le XVIIIᵉ siècle, fut aussi celui de ce qu'elle croyait son malheur le plus grand : l'expropriation de ses terres.

Le dernier, le nôtre, sera, en France, car il est déjà, son expropriation du Grand Livre.

Les personnes diverses du clergé, et même de la société, se distinguent aussi à leurs destinées. Les premiers et même les plus coupables, les grands et les riches cléricaux, sont toujours les plus châtiés. L'ordre des Cardinaux et des Evêques est frappé en première ligne. Celui des Religieux, après. Et, dans les Communautés, la plus riche passe toujours la première, et la mendiante demeure sauve.

La révolution, en ses premiers Etats généraux, commence par supprimer les deux premiers ordres des anciens; et à rendre au *Tiers* sa première place. Et puis, lorsque la *réaction*, portée peut-être jusqu'à la vengeance, a répandu par tout le peuple la terreur, l'*action* fait, à son tour, la sienne.

Et puis aussi, comme, après tout, les troubles les plus politiques sont encore plus religieux, le Lion, libre, se porte d'abord aux lieux religieux, aux *Carmes*, à *Saint - Lazare*, etc.

Dans la reprise d'hostilités de grands (plutôt que de peuples) à grands, le premier peuple qui se montre, c'est le Romain de Rome, puis celui de Naples, et enfin ceux de Milan et de Venise. C'est-à-dire le peuple religieux et penseur. Et il se montre en tout, et comme Dieu lui-même, non pas autant contre le Pape-Roi personnellement, excellent et généreux de sa personne, mais contre ses entours immédiats : son Excellence Rossi, et Monseigneur Palma.

Et, ici, les paroles, les cris de l'Ecriture et des grands Prophètes ne manquent point. On pourrait dire que leur idée fixe, c'est la dégénération, la corruption, mais aussi l'épreuve et le châtiment des grands coupables, c'est-à-dire des coupables *spirituels* de nos révolutions.

« C'est à cause des péchés des *faux* prophètes d'abord, et puis à cause des *iniquités* des prêtres, dit Jérémie, que les ennemis de Jérusalem entrent par ses portes : *Quoniam ingrederetur hostis per portas Jerusalem.* PROPTER PECCATA PROPHETARUM EJUS, ET INIQUITATES SACERDOTUM EJUS. »

Isaïe le dit encore mieux, et plus fort, et plus vivement, dans son dernier et plus beau chapitre, le 66ᵉ, vrai chant du Cygne éternel... (et nous ne le prendrons qu'en la pauvre traduction de Sacy), et si bien à l'ordre du jour de Rome, telle que viennent de la faire, ou plutôt de la constater, ensemble, Pie IX, Oudinot, et Falloux (*O plene omni fallaciâ!* dit Paul l'Apôtre, à Paul le Proconsul. Act. XIII.) :

1. « Voici ce que dit le Seigneur : Le ciel est mon trône et la terre mon marche-pied. Quelle maison me bâtirez-vous,

et où me donnerez-vous un lieu de repos? — 2. C'est ma main qui a créé toutes ces choses; et elles sont toutes parce que je les ai faites, dit le Seigneur ; *et sur qui jetterais-je les yeux, sinon sur* le P**auvre** qui a le cœur brisé et qui écoute mes paroles avec tremblement? — 3. Celui qui immole un bœuf est comme celui qui tuerait un homme; celui qui sacrifie un agneau ou un chevreau, est comme celui qui assommerait un chien ; celui qui fait à Dieu une oblation est comme celui qui offrirait à Dieu le sang d'un pourceau ; et celui qui se souvient de brûler de l'encens, est comme celui qui révérerait une idole. Ils ont pris plaisir et se *sont accoutumés à toutes ces choses*, et leur âme a fait ses *délices de ces abominations.* — 4. Et moi je prendrai plaisir aussi à me moquer d'eux, *et je ferai fondre sur eux ce qu'ils craignaient.* »

Et ce que le clergé redoute, et qui lui vient, Isaïe l'avait magnifiquement décrit ailleurs : « 1. Je chanterai à mon bien-aimé le cantique de mon proche parent pour sa vigne. Mon bien-aimé avait une vigne sur un lieu élevé, gras et fertile.— 2. Il l'environna d'une haie, il en ôta les pierres, et la planta d'un plant rare et excellent; il bâtit une tour *au milieu*, et il y fit un pressoir : il s'attendait qu'elle porterait de bons fruits ; et elle n'en a porté que de sauvages. — 3. Maintenant donc, vous, habitants de Jérusalem, et vous, hommes de Juda, soyez les juges entre moi et ma vigne. — 4. Qu'ai-je dû faire de plus à ma vigne que je n'aie pas fait? J'attendais qu'elle portât de bons raisins, au lieu qu'elle n'en a produit que de mauvais.— 5. Mais je vous montrerai maintenant ce que je m'en vais faire à ma vigne (c'est le dernier Siége de Rome, mot à mot) : *j'en arracherai la haie*, et elle sera exposée *au pillage :* je détruirai tous les murs qui la défendent, et elle sera foulée aux pieds. — 6. Je la rendrai toute déserte, et elle ne sera ni taillée, ni labourée : les ronces et les épines la couvriront, et je commanderai aux nuées de ne pleuvoir plus sur elle. — 7. La maison d'Israël est la vigne du Seigneur des armées; et les hommes de Juda étaient le plant auquel il prenait ses délices : j'ai attendu qu'ils fissent des actions justes, et je ne vois qu'iniquité; et qu'ils portassent *des fruits* de justice, et je n'entends que les cris de ceux qui sont dans l'oppression. — 8. Malheur à vous qui joignez *maison à maison,* et qui ajoutez *terres à terres,* jusqu'à ce qu'enfin le lieu vous manque : serez-vous donc les seuls qui habiterez sur la terre ? —9. J'ai appris ce que vous faites, dit le Seigneur des armées : et je vous déclare que cette multitude de maisons, ces *maisons si vastes et si embellies*, seront toutes désertes, sans qu'*un seul* homme y habite. »

Si le clergé en général, si le haut clergé, si le Pape-roi surtout, sont toujours les premières et les plus grandes victimes, c'est qu'en effet vous les voyez toujours les premiers dégénérés, et les premiers coupables vrais. C'est qu'en eux exclusivement, vous trouvez ces pensées, ces péchés, ces crimes générateurs dont Montesquieu n'avait que le sentiment dans ces paroles fameuses : « Si je disais les abus des *meilleures* choses, je dirais des choses effroyables ; » et que la seule Ecriture Sainte pouvait montrer dans les dénominations seules vraies, seules profondes, seules évidentes, seules terribles et salutaires à la fois : « l'Abomination dans le Lieu Saint : *Abominatio in Loco Sancto.* » «Le péché contre le Saint-Esprit, qui ne sera remis, ni dans ce monde, ni dans l'autre » MATTH. XII, 32.

Nous aurions trop beau jeu de choisir des exemples en Italie ou en Espagne(*). Prenons, en France, et les plus fameux et les plus incontestés : ceux des hommes qui passaient de leur temps, et qui passent encore aujourd'hui, pour les vraiment grands, et même honnêtes, du royaume. Ils n'en étaient, en vérité, que les premiers et les plus profonds corrupteurs. Ecoutez plutôt la plus faible partie de leurs exploits funestes, rapportés ou supposés même par leurs courtisans, ou leurs pensionnés de l'histoire sacrée ou profane.

C'est ici qu'on peut, et qu'il faut, se rappeler les lois et la théorie de la corruption générale, telles qu'elles sont dans la nature intime du monde et du sacerdoce ; et telles que le Créateur les a voulues dans les plus chers intérêts de ses créatures, aussi bien que de sa propre gloire. Toute la suite de notre livre le prouve incessamment. Nous n'avons besoin d'en donner ici qu'une grande application. Le prêtre (et surtout l'Evêque et le Pape), étant en tout les pleins de grâces pour faire le bien et le faire faire, sont aussi en tout les pleins d'amertume pour susciter et faire le mal. — Dans l'ordre privé, il est à la fois, lorsqu'il n'est pas le plus humble et le plus

---

(*) Les faits particuliers ne sont jamais à comparer avec les généraux, comme probants d'un système. On a publié de nos jours dans tous les pays protestants, et même en France, en Italie et en Espagne, plusieurs ouvrages contre les souverains pontifes. Le plus fameux, celui des *Crimes des Papes* (concurrent de *Crimes des Rois*, et des *Crimes des Empereurs*) par de La Vicomterie..... Plus odieux peut-être que le *Dictionnaire des Athées*, le *Jugement dernier des Rois*, les *Pensées libres sur les Prêtres de tous les siècles*, et le *Culte des Hommes sans Dieu*, « l'an 1er de la Raison, 6e de la République », de Sylvain Maréchal et de Lalande, ces *Crimes des Papes* sont plus innocents qu'on ne pense. Il fallait juger les Papes au point de vue des *âmes* innombrables dont ils ont directement ou indirectement la *charge*. Et La Vicomterie les considérait seulement comme rois ordinaires. En sorte que saint Bernard, à le juger par une seule de ses *Philippiques* fréquentes contre les Princes de l'Eglise, trouverait aujourd'hui que loin d'avoir calomnié les Papes, La Vicomterie les a flattés. Et la Convention Nationale dont il était membre s'est montrée de l'avis de saint Bernard, par un autre motif que le Saint, en l'excluant de son grand *Comité de sûreté générale*.

...Nous dirons, nous aussi, comme saint Bernard : « Epouvantés, nous épouvantons : *Territus, terreo.*

chaste, le plus laborieux : le premier orgueilleux et le premier cupide : le premier paresseux (*) ; et même le premier libertin (**) : car il sait le mieux, par la confession, les dispositions secrètes des femmes. — Dans l'ordre social, il est le plus naturellement, et même le seul hérétique, lorsqu'il n'est pas le premier orthodoxe ; le premier et le plus guerroyant (toutes les guerres sont plus ou moins des *Croisades* et des *Vendées* (***) ; le premier, et le plus usurpateur (****) ; le premier, et le plus régicide (la plupart des régicides, proprement dits, sont dévots et même religieux).

(*) C'est de la paresse du prêtre en général que vient sa commune et rare incapacité logique. Lorsque saint Pierre et saint Paul, en particulier, dont l'apostolat et même la vie eurent si peu de durée, ayant tout à faire, trouvaient, encore tant, et même tout à écrire, afin de laisser encore plus à écrire à leurs successeurs, la majorité des Papes, des prélats, des ecclésiastiques, et même des religieux, où la vie est plus longue qu'en toute autre condition ou profession, n'a eu la force et trouvé le temps de rien.

(**) « Le marquis de Ganges épousa Mlle de Rostan, veuve du marquis de Castellane, une des plus charmantes têtes de son siècle. Les premiers jours de l'union furent heureux. Quelque temps après, deux frères du marquis, l'un abbé d'Orme, l'autre militaire, d'Orinval, vinrent demeurer avec les époux, dans un de leurs châteaux. Ils devinrent amoureux de leur belle-sœur. Le mari devint jaloux et persécuta sa femme. L'abbé, ne pouvant fléchir la marquise, résolut de l'assassiner, et exécuta ce projet avec son frère. »
Ces paroles sont de Gilbert, qui a chanté l'événement dans son poëme, intitulé *le Criminel*, où il fait dire à l'abbé d'Orme :

> Le seul nom de mon crime est l'arrêt de ma mort.

Quand les crimes les plus anthropophages ne sont pas le fait des apostats du clergé, ils sont celui des apostats de la noblesse. L'histoire de France est tachée en ce genre, du nom de *Gabrielle de Vergi* ; et celle d'Espagne, au titre de la *Marquise d'Astorgas*.
Dans les autres et plus vastes carrières de l'horreur, on découvre les Marquises de Brinvilliers, et les Duchesses de Mazarin ; et supérieures aux *Messaline* de Néron et aux *Livie* d'Auguste, les *Fausta* de Constantin le Grand, les *Théodora* de Justinien, les *Irène* de l'empereur Léon, les *Frédegonde* de nos rois usurpateurs, et les *Marosie* des Papes apostats.
A l'échelle, nous ne dirons pas du Pape-roi Borgia, de Henri VIII, et de Louis XI, mais bien de Constantin le Grand, de Clovis et de Charlemagne, qui montèrent dans le sang sur des trônes de sang ; nous ne dirons pas de ce maréchal de France, du grand nom de Laval, qui se plaisait à violer et à massacrer les enfants, et qui fut brûlé vif dans la prairie de Nantes en 1440, ...mais de Turenne lui-même, du sang des Bouillon et des Nassau, de ce vainqueur du grand Condé, dont les *horreurs* dans le Palatinat font frémir contre la France dans l'histoire même de France :... à l'échelle, disons-nous, de ces grands coupables couronnés, les Cartouche et les Mandrin, les Desrues et les Dautun, les Lelièvre (Chevalier) et les Papavoine, les apostats du peuple, et les Bastide et les Jausion, les apostats de la bourgeoisie sont, politiquement parlant,... des honnêtes gens...

(***) Et des contre-Vendée.. S'il y a un fait avéré dans l'*Histoire de la Chouannerie*, c'est la mort de Marigny par Charette, entraîné par l'apostat *Curé* militaire, abbé Bernier, qui n'en fut pas moins promu à l'évêché d'Orléans !

(****) Le *Sacre* des parvenus et des empereurs les plus indignes, sans excepter plus le Pépin de Zacharie que le Bonaparte de Pie VII, a été, bien plus qu'on ne

Et, dans le crime privé ou public, le prêtre, toutes choses d'ailleurs égales, est toujours, et exclusivement, le coupable avec les *circonstances* les plus *aggravantes :* — celle de la lâcheté (le prêtre est difficilement militaire, rarement suicide; et jamais voleur décidé ni duelliste); celle de l'*abus de confiance ;* celle de la *trahison ;* celle de l'*hypocrisie ;* — celle de l'amour aveugle pour le plus habile ou le plus lourd à le flatter ; de la hâine et du ressentiment plus aveugles encore pour qui le reprend (on dit en proverbe : *rancune de prêtre*) (*) ; — celle de l'union des prêtres, de leur identité tous ensemble, sans excepter les meilleurs, au point de permettre aux plus mauvais de dire à chacun de ses adversaires le mot des démons : *Sumus Legio...;* — et, en temps et lieu, la circonstance la plus aggravante : celle de la tyrannie, même sanglante, et du populicide...; et de la mise à mort, sous le nom de haute-justice, et peut-être de justice divine, nous le verrons, jusqu'au *Tir à quatre chevaux,* inconnu sans doute même dans l'Enfer.

Et le crime privé et public, pire que tous les crimes privés et publics : la *Justification* rationnelle ou intentionnelle des crimes..... (on ne l'imputera point au peuple, celui-là) est bien le propre du clergé.

Loin de *porter à faux,* comme le comte de Maistre fait dire à Voltaire (disciple de Porée, et même jésuite par son orgueil, son ambition et sa fortune, il pouvait les croire dirigées contre lui), les *Provinciales* d'un simple géomètre ou *Penseur* détaché ne pouvaient pas dire, parce qu'elles ne savaient pas, ici, toute l'horreur d'un casuisme et d'un aveuglement qui vont, de gaieté de cœur, avec leurs semblables, à l'abîme, comme il est écrit.

Et cette *Université,* qui est, en notre siècle, si haïe, si méprisée par *Nos Seigneurs* et nos *sieurs* du clergé, qu'est-elle autre chose dans son principe, dans ses renouvellements, et encore aujourd'hui dans sa sécularisation apparente, et dans sa sorte de confiscation au profit des petits séminaires, qu'une institution éminemment, et même quasi exclusivement Cléricale ? — Et les écoles de *Droit civil* elles-mêmes, si puissantes à éluder et à faire éluder les écoles du *Devoir,* et à donner raison au grand propriétaire, et même au grand voleur, sur les petits (voyez toutes les *Histoires de l'Université,* et toutes celles *de l'Eglise*), que sont-elles que des Institutions italiennes, et même Papales, du XIII\ siècle; et des dérivées et des applications des écoles de *Droit canon?* Celles-ci précédèrent toujours les autres, leurs servantes. Le *Droit Canon*! c'était la loi de la

saurait penser, la secrète cause des régicides : et le *Sacre* a fait, à la chose comme à la lettre, le *massacre.*

(*) Buchanan a publié, contre le fléau d'un Ordre, en tant qu'il n'est pas humble, un chef-d'œuvre, sous le titre de *Fratres fraterrimi.*

propriété et des domaines du prêtre ; le *Droit civil*, celle de la propriété commune : deux compères *in-Folio* immenses, dont le *Tractatus tractatuum universi juris* de Grégoire XIII est le résumé, qui apparurent, qui militèrent, qui triomphèrent, et qui sont ébranlés ensemble.

Et ces monarchies absolues, sources et foyers de tous les établissements secondaires de monopoles des grands contre les petits, qui les a suscitées, flattées, soutenues, et fait soutenir, qui les a *Sacrées*, que les grands et les petits du clergé à l'état d'apostasie.....

Et ces glorifications des monarchies, des dynasties, des tyrannies même et des guerres de familles princières, les pires des tyrannies,.... au lieu de leur *souffrance* que saint Pierre et saint Paul demandent après l'avoir pratiquée ; et les grandes alliances avec ces tyrannies ; et les *Fêtes*, dans Rome même, de leurs jugements *par Commissaires*, de leurs coups d'état contre les personnes, et même les classes les plus innocentes, sans excepter la *Saint-Barthélemi*,.... quels Confesseurs royaux, quels Pontifes souverains, quels Prélats, quels Evêques, ne se sont point signalés à les faire, ou à y concourir, et même à les transformer en vertus héroïques? Car il n'y a pas de milieu, la *Saint-Barthélemi*, c'est, ou le plus grand des crimes, ou la vertu la plus grande !

Et la simple *Infaillibilité* (nous l'avons démontré spécialement, et concurremment ailleurs) que s'arrogea Grégoire VII au plus haut degré (*), en se proclamant *Saint* lui-même par le seul fait des mérites de saint Pierre, qu'est-elle autre chose en définitive que la complicité et même l'autorisation de tous les attentats commis en sa faveur ?

En sorte qu'il est métaphysiquement, c'est-à-dire rigoureusement, exact de dire dans le Plan de la Création divine : I° que Hildebrand eut la part la plus grande dans tous les crimes d'Etat de son siècle (tel autre de ses successeurs, Néron *chrétien* et *catholique*, Borgia, sembla vouloir accaparer tous les crimes du sien) ; II° et que le Comte de Mastaï Ferretti, que ses intentions et même ses vertus personnelles, et sa mort feront peut-être un jour et justement canoniser, est, rationnellement (comme je ne sais quels enfants romains sont matériellement) l'auteur du meurtre de son premier ministre d'Etat, Rossi, et de Palma, son premier secrétaire religieux.

Mais comme le principe et le dogme sont, ici, fondamentaux,

______

(*) Sans aller si haut, ou afin de nous élever plus haut encore, en fait de complicité et de casualité de corruption, ces mariages nombreux, la ruine de la plupart des familles, morts-nés comme leurs enfants, qui les autorise,... par les raisons les plus puériles ou les plus scandaleuses, que les prêtres dégénérés comme elles, à la faveur de *Billets de confession*, c'est-à-dire de sacriléges?

il nous faut les développer, c'est-à-dire les établir de plus fort,
par l'histoire la plus incontestable du plus grand des crimes,
dont il faut attribuer la cause originelle à l'esprit du Prêtre-
roi, le régicide, en tánt qu'il se confond avec le populicide.

Cet attentat, qui venait déjà d'être plus grave et plus commun chez les Juifs dégénérés, qu'il ne fut chez les Romains
dans leur plus grande décadence, se renouvelle dans les grandes nations chrétiennes dégénérées, encore plus grave, et plus
vulgaire, que chez les nations médiocres de cette nature.
L'histoire du Bas-Empire, celle des républiques d'Italie, celle de
Rome surtout, font foi que le régicide *politique* par le fer fut
comme à l'ordre du jour à la suite de Constantin le Grand à
Constantinople, et le *religieux* fréquent à Rome par le poi-
son.—Autres temps, mêmes mœurs, seulement transformées.
Le régicide des derniers siècles ne semble plutôt politique,
que parce qu'il est plutôt religieux. Il est indirect, parce qu'il
est hypocrite.—Témoin, le réel de Charles Ier, par Cromwell
(il avait toujours *ad hoc* la *Bible* à la bouche, et même à la
main), et le spirituel de Cromwell, par Charles II. —Témoin
encore, le solennel de Louis XVI, par le duc d'Orléans; et le
caché de Marat, par la noble d'Armans. — Témoins enfin, le
régicide du duc d'Enghien, *par procureurs* de Bonaparte;
ceux de Bonaparte par les *Georges*, etc. des Bourbons; et le
régicide de Berri, par un valet d'écurie impériale !

En résumé, et en somme toute, depuis le Christianisme, et
par l'abus du Christianisme, tous les régicides sont pies ou
impies; et les plus innocents de tous, s'ils sont innocents
(nous ne condamnons jamais les *personnes,* mais les *choses*
seulement), sont les républicains et les *Conventionnels :* car
ceux-là, en général, portaient la bonne foi de l'homme jusqu'à
la candeur, le désintéressement du juge jusqu'au dévouement
de Harlay, et la conscience de bourreau jusqu'au front du
martyr. Et c'est pourquoi leurs deux plus innocentes victimes, Louis XVI et le duc de Berri, en cela inspirés, furent les
premiers à crier pour eux : *Grâce* !

Et les régicides les plus coupables, car ils le sont *à priori*,
sont la majorité des religieux de la Compagnie de Jésus (*),
qui n'ont pas craint d'en enseigner le droit, et les cas; et d'en
faire, on peut le dire, la théorie, à l'usage du premier venu.
Et les plus coupables, dans cette majorité, sont les Cardinaux,

(*) Le docteur de Paris, Jean Petit, avait fait beaucoup moins que les Jésuites,
car il était prêtre séculier, et il était stipendié par un roi. Et puis, il ne fit son
apologie ridicule (par douze raisons en l'honneur des douze apôtres) du régicide,
que pour *un cas donné.* Les plus coupables, ici, furent les grands vicaires de l'E-
vêque de Paris, Montaigu, qui finirent par absoudre à la fois Jean Petit et Jean-
sans-Peur. Et ensuite les PP. du Concile de Constance, qui, malgré les indignations et l'éloquence incessantes de Gerson, persistèrent à ne flétrir ni le Courtisan ni le Roi régicides.

les classiques, les illustres, qui se sont montrés les premiers
dans cette effroyable carrière. Le grand Suarez, le Cardinal
Bellarmin, etc. ; et surtout leur maître à tous, le directeur
suprême, on peut le dire, de sept Papes successifs, depuis
Pie V, sous le règne duquel eut lieu la *Saint-Barthélemi*, et qui
mourut *son année*, jusqu'à Clément VIII, le grand *Moliniste*, le
cardinal Tolet enfin, l'apologiste *ex professo* et *ex cathedrâ*, et
précisément à l'usage du clergé, dans son *Instruction Sacer-
dotale*, et en ces termes formels effroyables : « *Adverte dupli-
cem esse Tyrannum, unum* potestate et dominio *qui non habet
titulum verum,* sed tyrannicè occupat rempublicam, *et tunc
Licet Occidere...* » (Bellardin, lui, dans sa *Puissance du Souverain Pontife*, est encore plus horrible, car il dispense le jésuite
de l'*exécution*, qu'il laisse à d'autres : *Executio ad alios perti-
net !*) En vérité, ce que Piron a dit de Voltaire est aussi vrai de *Tolet* (on dirait les judaïques *Tolle, Tolle*, crucifige ! de la Passion) :

Et s'il n'eût pas écrit, il eût assassiné.

Qu'est-ce, auprès de cela, que la Réforme ? qu'est-ce que la
Philosophie et le Voltairianisme le plus outré ? qu'est-ce que
le *Contrat social* et le *Code de la nature ?* que sont nos crimes
de la presse ? des innocences, on peut le dire.

Les plus fameux Brutus ou régicides rationalistes modernes,
Buchanan et Milton en Angleterre, et Hubert Languet en France,
ne faisaient point d'appel au poignard individuel, mais au
jugement en masse, et pacifique..... Ils ne composaient
même leurs *Vindiciæ contra tyrannos* que lorsque les coups
étaient portés, et comme pour en prévenir d'ultérieurs. Et il
est remarquable même que les deux plus célèbres de ces fiers
et hardis républicains,... couronnaient leurs Philippiques,
l'un en prison par une *Paraphrase des Psaumes*, que le plus
grand de nos Bourbons, après saint Louis (le grand poète), pré-
férait à l'*Archevêché de Paris ;* et l'autre, par le *Paradis perdu !*

Après et avec le mot du seul Cardinal Tolet, c'est-à-dire de
tout un Ordre considéré par la grande majorité de l'Eglise, et
même de la société, un tel mot reproduit, depuis cent années
principalement, à l'infini, dans les livres, dans les libelles,
dans les tribunaux, dans les feuilles quotidiennes, comment
le premier individu venu, qui se croit le moins du monde
zélé de foi, et seulement épris d'orgueil ou pris de misère, se
terait scrupule d'un petit coup d'état qui fera s'occuper de lui
fout l'Etat ? Cela est arrivé à Fieschi, on peut s'étonner que
pas à mille. Il a dit, je le sais, *Dieu n'est qu'un mot*. Mais que
serait-ce autre chose en dernière analyse que le *Jésus* du *Jésuite*
Tolet, qui ne penserait point qu'un tyran, n'étant que le pé-
cheur le plus insigne, n'est que le plus respectable... à sauver ?

Et lui, et la plupart de ses confrères, portant le zèle du régicide jusqu'à vouloir, au prix de la dénaturation de toute la *Somme* de saint Thomas d'Aquin (*), rendre saint Thomas d'Aquin leur complice.

En sorte que, si les plus fameux conventionnels, Robespierre, Manuel, l'*ennemi des Rois*, Jean de Bry, l'inventeur de la *Légion tyrannicide*, furent coupables de régicide (l'*Ecclesiaste* XI, 1, me défend de les juger), l'infâme cardinal de Brienne, et le plus infâme évêque Talleyrand furent coupables... de Robespierre, de Manuel et de Jean de Bry.

Or voici quelques faits à l'appui de cette grande et incontestable théorie du clergé mondain, toujours le premier et le plus populicide, même dans le régicide.

C'est le cardinal Bertrandi, le premier garde des sceaux en titre ; c'est surtout, dit le président Hénault, « le cardinal de Lorraine, François, duc de Guise, son frère, et la duchesse de Valentinois, qui eurent le principal crédit, » sous cet Henri II, qui prit pour devise le *croissant* des Turcs, en faveur de Diane de Poitiers, (maîtresse moins odieuse que l'épouse, Catherine de Médicis), et qui mourut tragiquement le plus gaîment du monde.

C'est encore, et principalement, le terrible Cardinal de Lorraine (il était l'oncle du Roi) qui dirigea, et même qui fut François II, qui fit son mariage avec l'infortunée (selon beaucoup d'historiens, la coupable) Marie Stuart ; et les assassinats dans Paris, du président Minard et d'Anne du Bourg ; et son horrible conjuration d'Amboise, par l'apostat Larenaudie.

C'est encore le perpétuel cardinal de Lorraine, dont le bâtard de *la belle Romaine* (V. la *Satyre Ménippée*) devait être son successeur à Cluny, qui représentait la cour de France à Rome l'année et le jour de la Saint-Barthélemi, 1572 ; et le cardinal de Guise, frère du *Balafré*, ligueur et mondain fameux, assassiné à Blois ; et leur créature, le cardinal de Pellevé, mort fou dans l'an et jour ; et le cardinal de Tournon (Polignac), créateur de la *Chambre ardente ;* et le cardinal Vincent Laure, son bras droit dans une puissance de trente années ; et douze cardinaux de cour et conseillers d'État, dit de Thou ; et enfin le cardinal de Birague, Italien des Médicis, garde des sceaux d'*août* 1572, qui furent apparemment, ou personne, les moteurs de Charles IX et de sa Médicis, en ce mois néfaste.

C'est un premier cardinal de Bourbon, le premier ligueur de France (il y en eut un second sous et contre Henri IV), fait ou se faisant, sous le nom de *Charles X*, Roi de France, de

---

(*) Voyez, sur ce point important, les publications décisives : *La Vérité vengée en faveur de saint Thomas, par saint Thomas lui-même,* du savant Touron ; le *Mémoire justificatif de saint Thomas,* par le Dominicain Simon ; et autres opuscules de 1762.

par le Roi d'Espagne, qui ensanglante, on peut le dire, et qui *cherche à dévorer le règne d'un moment* d'Henri III. L'apostat Dominicain Jacques Clément (*) n'est que l'enfant perdu du malheureux *Charles* X.

Mais il se trouva un homme éminent du peuple, que Bernard de Fontenelle a glorifié comme « un des plus grands créateurs des sciences que la nature ait formés, » Bernard Palissy, pour être ici le maître des Cardinaux et des Rois, des bourreaux et des victimes à la fois : « On peut juger de la trempe de son âme par sa réponse à Henri III, qui lui disait un jour : « Bonhomme, si vous ne changez de religion, » je serai contraint de vous livrer à vos ennemis. » — « Sire, » lui répondit avec fermeté Palissy, vous m'avez déjà dit que » vous aviez pitié de moi ; et maintenant j'ai pitié de vous- » même..... Je serai *contraint*, dites-vous ! Est-ce là parler en » roi ?..... Mais je suis homme à vous apprendre un langage » royal : c'est que les *Guisards* (les Guise, dont on a fait, à » ce qu'il paraît, *Gueux*), tout votre peuple, ni vous-même, » ne pourriez contraindre un simple potier de terre à fléchir » les genoux devant des *statues :* »

....C'est qu'au règne de l'or et de l'orgueil, du luxe et du pouvoir temporel, de la chaleur politique et de la glace religieuse des Prêtres-Rois, les hommes, spirituels,... dans l'imagination sublime d'un grand homme de l'art et de la nature, ne diffèrent plus des *statues* de leurs temples.

Sous Henri IV, et pour cause, on ne vit plus dans les affaires que quelques Cardinaux de nom plutôt que d'état, celui de Bourbon-Vendôme, Garde des sceaux, par exemple ; mais on voit, comme en revanche, tous leurs sortes de boute-feux : d'abord les Seize, poussés par le fameux Cardinal du Perron en particulier (V. HÉNAULT), et qui répandent le sang des parlementaires, plus ou moins fidèles ; et puis le Grand Maître du Collége de Navarre, l'Evêque de Senlis, l'aumônier même du Roi, d'une *très-noble extraction*, Guillaume Rose, l'un des plus grands prédicateurs de son temps, qui publiait ses sermons régicides sous le titre : *De Justâ reipublicæ Christianæ in Reges impios auctoritate ;...*— et enfin, et bientôt, à défaut des esprits privilégiés de l'Apostasie, leurs *âmes*, on peut le dire, *damnées,* et reniées et renégates à la fois, s'érigeant spontanément en ministres directs de Dieu contre

Le seul Roi dont le Peuple ait gardé la mémoire.

C'est (pour ne pas parler des régicides royalistes vulgai-

(*) « On croit, dit le président Hénault, que madame de Montpensier, sœur du duc de Guise, eut grande part à l'assassinat d'Henri III. » — En tout cas, ce fut le procureur-général Jacques de la Guesle qui introduisit lui-même...·Jacques Clément dans le cabinet du roi à Saint-Cloud.

res) contre un seul Roi, comme un Triumvirat de régicides de haut parage, et frappés au coin des Prêtres-Rois : d'abord, un *Pierre La Barre*, ex-pénitent du père Varade, Recteur des jésuites de Louis le Grand de Paris (lequel fut mis en accusation *ad hoc* par le Parlement prévenu) ; puis, un *Jean Chatel* (*), ex-disciple du père Guéret ; et enfin un *Ravaillac* (**) ex-Convers Feuillant, et se préparant par la *Sainte Table* à l'attentat sur le Peuple-Roi, dans la rue de la *Ferronnerie*.

Et le Curé de Saint-Merry, Prieur de Sorbonne, Jean *Boucher*, n'a pas craint, avec la réflexion la plus grande, près de 25 ans encore après, en 1620, de publier une *Apologie de Jean Chatel !* Et l'Evêque de Tournay, autre et plus coupable compère des assassins, n'a pas craint davantage de donner un canonicat dans sa cathédrale à Jean Boucher !

Louis XV, le seul Roi un peu souffert du peuple, depuis Henri IV, parce qu'il avait moins d'orgueil, et autant de foi que Louis XIV (on l'appela le *Bien-Aimé*), par une fatalité inouïe, se trouva encore avoir affaire à un *Damiens*, le domestique des jésuites de Paris.

Observation et contraste immenses… ! on ne voit pas qu'à aucune époque, et dans aucune nation, les dissidents les plus exaltés, les *Anabaptistes*, par exemple, en aient jamais autant voulu à des Rois catholiques, que les simples catholiques aux Rois dissidents. Il est à naître, même depuis Jean Hus et Jérôme de Prague, mis à mort, si horriblement, de par des souverains *apostoliques* et *romains*, qu'un Pape, Pape, même Roi, ait été frappé par un protestant !

(*) « Suivant M. de l'Etoile, qui ne doit point être suspect, dit Feller lui-même, Lugoly, lieutenant de la maréchaussée, se déguisa en confesseur pour arracher son secret à Chatel… Et l'évêque de Paris, de Péréfixe, ne craint pas de faire sans indignation, froidement, ce narré presque autant criminel que les choses : « Le parlement de Paris condamne le parricide à avoir le poing droit brûlé et à être tenaillé, puis tiré à quatre chevaux. » (Le tableau des circonstances du supplice dans les chroniques du temps est horrible ; la victime fut conduite de la prison à la place de l'exécution,… le parvis *Notre-Dame !* absolument nu, par un froid intense, en présence perpétuelle d'une foule immense de grands seigneurs.)

Pour la même chose (une *oreille coupée*), Caïphe et Pilate eux-mêmes ne dirent mot à… saint Pierre !

Quoi qu'il en soit, le père lui-même, qui venait, on peut le dire, d'être crucifié dans son fils,… c'est Péréfixe qui continue, « fut banni, sa maison de devant le Palais démolie, etc. Et comme les jésuites avaient beaucoup d'ennemis, le parlement bannit toute la Société du royaume par le même arrêt de leur écolier.» Et le Jean Guignard, Bibliothécaire de la Compagnie, impliqué dans le procès, fut pendu sur la place de Grève, quelques jours après, dans le même mois de janvier 1595.

(**) A cette occasion, le parlement, justement indigné, condamna au feu le livre *du Roi* du célèbre Jésuite Mariana, contenant des *blasphèmes exécrables* contre le feu roi Henri III, etc. Mais Gondi, archevêque de Paris, appela de cette condamnation au Conseil, où elle fut supprimée…

En tout cas, le pire peuple de nos jours en est bien loin des maximes et des hommes du Cardinal de Tolet.... Au lieu de la haine des Rois les plus anti-populaires, il aurait plutôt la pitié... Vous l'avez vu faire *reconduire* l'un par ses Barrot, et donner le bras à l'autre pour monter en fiacre !... Il en a trop pitié pour en faire des martyrs.

Nous avons vu, ou nous verrons ailleurs, et mieux à sa place, la suite malheureuse et funeste des Papes-rois et des Rois ordinaires, des Cardinaux et des Evêques. Les pires après eux sont leurs *Précepteurs*, et leurs *Confesseurs*, dont le trop fameux abbé Grégoire a publié la plus petite et la plus innocente *Histoire*..... Nous avons dit les pires *après eux*, c'est peut-être les pires *avant eux* qu'il faut dire : car, à la vue des nombreux *pénitents*, les premiers coupables, les premiers *tombants* et retombants, et comme *relaps* éternels, les gens du monde, ainsi que ceux de la philosophie, sont tentés de nier la Confession, le plus grand dogme, car il est le final, de la foi.

Lorsque le *Précepteur* d'un Roi est, et signe, jusque dans son *Eucharistie* et son *Apocalypse*, le *Conseiller du Roi en ses Conseils;* lorsqu'il le flatte par état jusque dans son ministre le plus libertin, le plus corrompu et le plus corrupteur, son garde des sceaux (Séguier, loin de s'enorgueillir, aurait dû rougir), et jusque dans la Chaire du Dieu pauvre, en des Oraisons, *funèbres* en effet ; lorsqu'il est, à cause de ces prévarications mêmes, devenu célèbre, et même classique et populaire, fût-il mort repentant public et canonisé depuis, il eût été plus coupable et plus funeste que Richelieu, Mazarin et Harlay morts, car il est funeste toujours, étant immortel.

Viennent ensuite les Evêques princes et souverains proprement dits.

Ce sont les Papes seuls qui les ont faits, comme ce sont eux qui ont fait les Papes *à leurs images* réciproques : les uns, martyrs et saints, les autres bourreaux et profanes, sujets ou souverains, pauvres ou propriétaires. Il y eut, en effet, aux riches bords du Rhin, et surtout entre l'Allemagne et la France, des Evêques-Princes, Rois au petit pied, en même temps que des Papes-rois à Rome et à Avignon; et ils aboutirent, plus d'une fois (*), dans Cologne, dans Mayence,

---

(*) Au XIIe siècle, saint Bernard était indigné des archevêques princes de Cologne, etc. Au XVIIe siècle encore, et au sein de la chrétienté, il y avait, et impunément, un Christophe Van Galen, *Prince-évêque* de *Munster*, que l'*Historien de l'Eglise* et jésuite d'Avrigny lui-même appelle en effet : *Monstre.*

Le seul prêtre des grandes familles d'Allemagne qui soit sorti de ligne en ce siècle, l'*abbé prince de Hohenlohe*, et qui gardait depuis longtemps le silence (nous apprenons la mort prématurée de cet *enfant* de 1793), n'a peut-être pas fait autant de bien par ses *miracles*, que de mal, en s'intitulant et signant *Prince*, après *abbé.*

dans Strasbourg, et même dans Liége (*), comme dans Rome même, au déclin de la foi, et des mœurs, puis à la tyrannie, et finalement à la révolte.

Viennent après, ou avec, les Archevêques, Princes et Primats, les Légats des Papes, dont le caractère le plus historique et le plus vulgaire; entre tous les ambassadeurs, est le plus grand vice aux yeux de la morale de l'Évangile : l'extrême finesse, ou l'hypocrisie. Les plus fameux de cette nature sont les cardinaux Campége et Cajétan (**), Contarin et Moron ; Commendon et Bentivoglio , Du Perron et d'Ossat; et , de nos jours, Consalvi et Caprara, qui trahit tour à tour Pie VI et Pie VII (il est au *Panthéon,* à côté de Rousseau et de Marat); Lambruschini et Garibaldi, qui compromirent Charles X et Louis-Philippe ; Léon XII et Pie VIII ; Grégoire XVI et Pie IX. —Et les Légats, plus ou moins officiels, comme le cardinal de Retz, qui faisait ou refaisait la Fronde ; et le cardinal de Joyeuse, le frère ou le compère de ce *Bugeaud* du temps, qui tuait les calvinistes le plus *joyeusement* du monde, en attendant qu'il fût tué lui-même ! — « Les légations, dit Fleury, étaient une mine d'or pour les cardinaux, et ils en revenaient d'ordinaire chargés de richesses. » Leur avarice était si notoire, que saint Bernard parle à Eugène d'un Légat désintéressé comme d'un prodige.

Pires que tous les autres, les Légats à la suite des armées, même contre les Turcs, sans excepter les Prophètes (les contradictoires !)..... le cardinal Julien (l'*Apostat,* lui aussi), disparaissaient en mer, ensevelis même dans leurs victoires (***).

Mais il nous faut dire, encore ici, une sorte d'infidèles plus

(*) En 1849 encore, et au moment où nous écrivons (le mois de *juin* de *saint Pierre*), l'évêque de cette ville ne craint pas de s'intituler : *Prince évêque de Liége;* de souffrir la restauration royale de son Palais, plus royal que ceux de son roi; et d'y donner des fêtes et des galas qu'aucun *roi* ne pourrait aujourd'hui donner dans toute la chrétienté!!!... car tous les *rois s'en vont.*

(**) C'est Cajetan qui mit le premier en avant, comme principe, l'infaillibilité de son maître...Sixte-Quint. (V. les *Discours* de Fleury.) Et l'*infaillibilité* à quoi faire ? la *Ligue,* qui , partant à la fois des cours de Rome et d'Espagne , des Médicis et des Guise, mettait le feu aux quatre coins de la France. Or Cajetan , le Nonce en France *ad hoc,* ne faisait pas difficulté d'écrire, tour à tour, pour les engager à la prise d'armes, des *Lettres à la Noblesse de France,* in-8o, 1590; des *lettres* aux archevêques, évêques et abbés du royaume, in-8o. 1590, et des *Missives à la faculté de Théologie,* in-8o, 1591.
Un seul homme d'état en ce siècle fut assez heureux pour contrebalancer ceux-là; et précisément ce fut un né pauvre, et orphelin à 7 ans, devenu si célèbre, comme négociateur en France et en Italie, sous le nom de cardinal d'Ossat.

(***) Voyez son histoire dans les *Prophètes* de l'abbé Jourdan.
Le dernier des Nonces à Paris n'est plus guère aujourd'hui que le *Receveur général* des derniers millions du dernier Pape-roi, sous le nom de *deniers de saint Pierre;* et le *transmetteur* au Vatican, ou au Vésuve, des *noms* des évêques *royalistes* et *réacteurs* contre la *République.*

fatals encore à la Religion qu'à l'État, et à laquelle il faut revenir pour montrer tous les maux, ou, si l'on veut, toutes les occasions de mal, à la fois : le Prêtre-politique, le Prêtre-Juge, le Prêtre-Inquisiteur et Juge..... Car il est presque toujours, et comme forcément, inique; et trop souvent bourreau ; et, par conséquent, *Apostat.* — Les Juges de Jeanne d'Arc, l'une des Fleurs, l'une des Couronnes, on peut le dire, de la France, et même de la Chrétienté, en sont un mémorable exemple...., encore *inconnu*, comme les plus grandes choses. Cette jeune enfant de la Champagne (la meilleure partie, parce qu'elle est la plus pauvre, de la Bourgogne de saint Bernard, le plus grand homme de l'univers), dont le nom d'*Arc*, dont la naissance le jour des *Rois,* dont la profession de *Bergère* de l'*Agneau*, comme David et..... Geneviève; dont la foi à *Jhus* et *Marie* (tels étaient les deux premiers mots de toutes ses *Lettres* à Dunois, à d'*Armagnac*, aux Anglais; et son orthographe de *Jésus : Jhus*, comme pour montrer en Dieu l'origine de la justice, et du droit) suffiraient seuls à faire la royale et héroïque et bienfaisante histoire,... respectée par les Anglais eux-mêmes, qu'elle avait vaincus (Hume flatte sa patrie de n'avoir eu qu'*un* prêtre, le cardinal de Winchester, et encore dans les assistants, au procès)... a été dénoncée, poursuivie, persécutée, questionnée, torturée, mise à mort, brûlée, de sang-froid, non seulement par cet *Evêque de Beauvais*,... ce *Cauchon* (il a donné son nom à l'animal judaïque peut-être !); — mais encore par *quarante* ecclésiastiques séculiers et même réguliers ; mais encore par plus de *cent* qui assistaient ou opinaient dans une *Convention* ecclésiastique, cent fois pire que la *Nationale ;* mais encore « par *toute* l'Université, » alors non laïque ; — mais même par un Inquisiteur Général (Frère Jean Graverent), et un vice-Inquisiteur (Frère Jean Magistri), tous deux Dominicains, envoyés *ad hoc*, en France, par le Pape ; — et enfin, pour qu'il ne manquât rien aux enseignements providentiels, dénoncée et livrée... aux Anglais, par un Grand du royaume, de la Cour, un bâtard de Vendôme, très-bien nommé *Lyonnel*, — lequel la *vendit* au prince de Luxembourg : mais la plupart aussi morts malheureux et tragiquement, comme l'ont remarqué tous les Historiens de France, « ce qui a même suscité les diverses réhabilitations de l'Héroïne de la patrie, l'ennemie-née des Anglais, celle-là.

Il va sans dire que les *Ordres religieux militaires* proprement dits sont les pires de tous, ou plutôt le contraire d'un ordre quelconque, et qu'ils aboutissent bientôt, comme les *Templiers*, à l'échafaud des Papes et des rois unis ; — comme les *Chevaliers de Jérusalem*, à ceux de *Malte* ; et finalement, au dernier Grand-maître, surnommé l'*Apostat.*

Les ordres religieux qui se sont mêlés, ou ont paru seulement se mêler aux affaires d'État, n'ont pas été heureux non plus :—les *Dominicains*, en Espagne ;—les *Jésuites;* — et même la *Sorbonne*, en France, dont le président Hénault rapporte ce fait de Ligue sous Henri III, aux années 1587 et 1589 : « *Arrêté etrange de la Sorbonne*, que l'on pouvait ôter le gouvernement aux princes que l'on ne trouvait pas tels qu'il fallait, comme l'administration au tuteur qu'on avait pour suspect » (V. le Père DANIEL lui-même).

Admirons aussi la destinée des *Dominicains* de Paris, donnant leur nom de *Jacobins* aux Communistes de 1793 ; et la destinée de la *Sorbonne*..... réservée au triomphe et même à l'habitation princière, de celui qui a dit impunément, et qui n'a jamais dédit que : « le Christianisme en avait encore pour 300 ans dans le ventre ! »

Le troisième ordre des prêtres mondains, toujours fâcheux, et le plus souvent fatals, sont les Prêtres premiers Ministres et *Hommes d'Etat*. On dirait que Tacite les ait prévus lorsqu'il a peint ces Romains, qui ne voulaient rien moins que des Rois pour instruments de leur domination : *Ut haberent et Reges instrumenta servitutis...* Les plus célèbres, lorsqu'ils n'ont pas été les plus vertueux, ont compromis les plus grands Rois, souvent les plus grands Pontifes, et même la Religion tout entière ; et ils se sont perdus eux-mêmes par surcroît.—Et la plupart, et les pires, sont de l'âge et du règne de Léon X, et même de Borgia : — le cardinal Albornos, tour à tour le premier ministre et le général du roi Alphonse d'Arragon, et du pape Urbain V, d'Avignon, qui lui demanda compte des sommes énormes à lui confiées pour conquérir l'Italie ;—les cardinaux *Torquemada* (quel nom pour un Grand-Inquisiteur !); Mendoza (surnommé le *Cardinal d'Espagne*); et Ximenès, fauteurs des feux d'Isabelle, dite *la Catholique ;* les cardinaux de Gattinara et d'Espinosa, fauteurs des guerres de Charles-Quint ; (et pires encore, son cardinal de Trente, et jusqu'au cardinal de Lyon, de François Ier, qui lui frayèrent le chemin au triple empire d'Allemagne, d'Espagne et des Pays-Bas) ; — Granvelle, l'*alter ego* du terrible duc d'Albe à Bruxelles; — et, à distance, en Espagne, ce cardinal Alberoni, qui consomma la ruine de l'Espagne ; et en Angleterre, le Morton, qui présida à l'éducation d'Henri VIII; et le *Polus*, premier ministre de Marie, pire peut-être qu'Elisabeth.

Mais il nous faut surtout parler du Clergé-roi de la France, car ce fut peut-être le type de tous les autres. Le cardinal d'Amiens, surintendant des finances de Charles-*le-Sage*, fier, dur, riche, compromit l'Etat et l'Eglise, jusqu'à se rendre fauteur du schisme de Pierre de Lune, et mérita de mourir au Vatican d'Avignon. — Sous Louis XI, le premier de nos *rois* qui ne craignit pas de s'appeler le *Très chrétien*, ce

fut bien autre chose ! Il avait, tout-puissant à lui commander les impôts (« *avare* par goût » dit Hénault), et le despotisme, son cardinal de La Balue, qui finit par le trahir et se
trahir lui-même; car il fut enfermé durant treize années.—
C'est un cardinal de Saint-Malo, et son frère, créatures d'A-
lexandre Borgia, puis ses ennemis, qui sont, l'un le premier
ministre, l'autre le garde des sceaux de ce Charles VIII, roi
à treize ans, et laissant faire ou faisant, d'abord la guerre civile, puis l'étrangère à Naples, où il mourut de la peste !

Ce sont à la fois l'Evêque de Paris et l'Abbé de Saint-Denis,
qui sont les trois premiers ministres du *bon* Louis XII (*), et
qui lui soufflent ou lui souffrent, apparemment, sa devise
de porc-épic : *cominus et eminus;* ses intimités avec les Borgia ; son libertinage, et ses guerres universelles.

Ce fut le chancelier Duprat, créateur de la *Tournelle* criminelle,... père du Bâtard d'Angu, Evêque de Mende et
chancelier corrompu de la reine de Navarre; et son père
lui-même, Evêque, Cardinal, et quasi Pape, qui appela le
chancelier Poyet, autre prêtre vénal; et qui caractérise excel -
lemment ce François Ier, à la fois lettré, guerroyeur, libertin,
malheureux, et mourant dans la même année avec Luther,
son ennemi en religion, et Henri VIII, son compère en
despotisme domestique, auquel il eut le temps de faire faire
un service superbe à Notre-Dame de Paris !

Mais il est un ecclésiastique qui caractérise encore mieux
tous ceux-là, et tous les autres. Il fut, sinon de droit, au
moins de fait, le premier ministre, etc., de je ne sais combien
de rois d'alors. Et il paraissait avoir tout le monde, et même
l'Eglise, pour lui. Nous voulons parler du célèbre Cardinal de
Larochefoucauld. Or, il publiait à Lyon en 1597, et réimpri-
mait à Paris en 1651, sous le titre *de l'Etat ecclésiastique* (**),
une admirable Philippique contre les faiblesses du Clergé de
France du XVIe siècle, qui seraient des forces pour celui du
XIXe..... « Puisqu'en l'Eglise est la vraie règle de la religion, il est aisé de juger combien la conservation de la religion dépend de ceux qui ont la garde de l'Eglise. Or, rien
n'est plus pressé de prompt remède que *l'entière réformation* de ceux qui sont dédiés à son service. Si nous considé-

(*) Le cardinal d'Amboise lui-même fut le voulant, et il est responsable,
entre autres fautes, de la conquête du Milanais, qui fit tant de mal à la France
et à l'Italie; et il n'a guère, pour se la faire pardonner, que sa parole durant sa
maladie dont il mourut jeune à Lyon en 1510, au Célestin qui le servait : *Frère
Jean, je voudrais avoir été toute ma vie frère Jean.*

(**) C'est le même cardinal de la Rochefoucauld qui écrivait aussi, à la date du
25 octobre 1652, cette *Lettre sur la dépravation* de la plus royale des *abbayes.*
Par où l'on peut juger de la dépravation générale d'un *royaume Très-chrétien* ;
et sous un prince nommé *Louis-le-Juste.*

rons la dépravation et débordement des gens d'Eglise, nous jugerons que la religion en France n'est pas en meilleure condition qu'était celle des Juifs... la veille de Jésus-Christ. » — Et dans le chapitre *de l'Exemple de la vie :* « Le pasteur qui ne montre pas le meilleur *exemple*, a déjà fait ce qu'il a pu de son côté pour tuer ses brebis, combien que de leur part elles persévèrent en bon état... Dans l'ancienne loi, pour faire connaître aux pasteurs combien leur péché était de conséquence, il leur fut commandé de présenter le même sacrifice pour l'expiation de leur seule faute que celui ordonné quand tout le peuple ensemble aurait commis quelque offense ». — Et au chapitre *de la Simonie :* « Il ne se voit rien toutefois en ce temps si commun, que tels trafics de bénéfices ou obtenus par argent, ou pour récompense de services temporels, sans considération du mérite, ni de la chose, ni de la personne... « Le crime de simonie est pire que n'était l'hérésie du Macédonius : pour ce que celui-ci niait que le Saint-Esprit fût Dieu, et que l'autre le fait esclave et le vend. Il rend abject le Saint-Esprit » — « C'est une chose bien éloignée de piété que de demander de l'argent pour la sépulture : étant à craindre qu'on ne pense ou que l'Eglise soit vénale, ou qu'on se rejouisse de la mort d'autrui : ceci est de saint Grégoire à l'Evêque de Sardaigne. » — « Tous ceux qui ont troublé l'Eglise par les hérésies, ont été poussés par la convoitise d'y avoir supériorité... Valentin, Marcion, Montan, Macédonius, Meletius, etc. Wiclef et Luther » — Au chapitre *de l'Avarice et ambition :* « *L'Eglise* se doit bien lamenter de voir à son service ceux-là riches, que *le monde* avait eus auparavant fort pauvres. »

« Aux commencements de l'Eglise, et tant que la charité y a duré, toutes choses étaient communes. Il n'y avait *personne* qui dît de ce qu'il possédait : *Ceci est à moi.....* Saint Jérôme disait encore au IVe siècle : « Qu'il n'y ait rien de propre en pas un lieu; qu'il n'y ait entre eux personne riche, personne pauvre. » Ailleurs, distinguant deux sortes d'hommes, les laïques et les clercs, il veut que les clercs ne puissent rien avoir de propre; car la *tonsure*, dit-il, est la renonciation aux choses temporelles. Saint Augustin dit qu'il ne recevrait point à sa compagnie les clercs qui voudraient avoir *quelque chose* en particulier. « A nous-même, dit ce saint Evêque, il n'est pas permis de mettre de l'argent à part. » — Au chapitre de l'*emploi des biens de l'Eglise :* « Exupère, évêque de Toulouse, est grandement loué par saint Jérôme pour avoir vendu à l'usage des pauvres jusqu'aux vaisseaux sacrés de son église; de sorte qu'on portait dans un verre le précieux sang de Jésus-Christ. Saint Ambroise dit à ce sujet : « Il vaut mieux sauver les vaisseaux vivants que ceux de métal. » — Au chapitre *des Dépen-*

ses superflues ne servant de rien pour conserver l'autorité des gens d'Eglise : « Il est écrit de Jésus-Christ qu'il n'avait pas où reposer sa tête... Saint Basile, avec une seule robe, imposait aux plus grands princes de son temps. Saint Augustin n'avait pour toute argenterie qu'une cuillère. Le même est écrit de saint Antonin, archevêque de Florence, de saint Martin, etc. Saint Pierre, archevêque de Tarentaise, mangeait d'un même pot avec les pauvres, etc. Le pape Alexandre V décroissait en richesses au prix qu'il croissait en dignité, et disait en riant, «qu'il avait été riche Evêque, pauvre Cardinal, et enfin Pape mendiant. »—Et saint Jean Chrysostôme : «Si douze hommes ont converti le monde, combien grande est notre malice, qui ne pouvons pas corriger ceux même qui sont sous notre charge, jaçoit que nous soyons en si grand nombre que nous pourrions suffire à 10,000 mondes. Mais vous direz, les Apôtres faisaient des miracles. Or ce ne sont pas les miracles qui les ont rendus admirables ; car plusieurs qui chassaient les diables, d'autant qu'ils étaient pécheurs, n'ont rien fait de semblable, ains au contraire ont été punis. Qu'est-ce donc qui les a fait paraître grands? Le mépris des biens. »..... Constantin envoyait en Egypte visiter saint Antoine vivant en pauvreté et solitude. Théodose envoya consulter Siméon jusque sur la colonne qui lui servait de maison.

« Depuis qu'on s'est aperçu que la plupart des gens d'Eglise emploient les biens qu'on leur avait donnés pour les pauvres à leur profit particulier, en délices et dépenses inutiles, chacun aussi s'est retiré de ces bienfaits ; et le premier respect s'étant converti en mépris, plusieurs ont pris licence de ravir même ceux qu'ils possèdent. Ce qui leur fut prédit il y a longtemps par le prophète Michée, II : «Ils seront chassés de leurs maisons de plaisance et de leurs bons festins. » Sur quoi saint Jérôme dit : «Et si vous voulez savoir où ils seront chassés : lisez l'Evangile : *aux ténèbres extérieures!* » —Et au chapitre *des affaires temporelles qui divertissent les gens d'Eglise de leur état :* « Que le *Clerc*, dit saint Jérôme, interprète son nom : si *Cleros* signifie *sort*, ils sont appelés *Clercs* à cause qu'ils sont mis en la part du Seigneur, ou bien à cause que le Seigneur est leur part et portion. Ce que saint Ambroise développe dans son Traité *de la fuite du siècle : De fugâ sœculi.* »

Tout cela était profondément vrai ; toute la longue indignation du livre *de l'Etat* désolant *de l'Eglise* gallicane, marque un esprit très-élevé et une âme fortement chrétienne. Mais les plus grandes vérités et les plus grandes vertus demeurent presque stériles lorsqu'on se nomme François de *Larochefoucauld ;* lors surtout qu'on est *Prince* de l'Etat, et même *Prince* de l'Eglise, et *Cardinal ;* lorsqu'à la *charge* d'Evêque de Senlis, on ne craint pas d'ajouter, d'accepter ou de souffrir celles d'Abbé de *Sainte-Geneviève* de Paris, de Tournay, etc. ; celles de *Grand Aumônier de France*, et de *Commandeur des Ordres du Roi*. Nous avons vu ailleurs que la *sainteté* même ne suffit pas à neutraliser ce qu'il y a de fatal dans les noms nobles et riches d'un *Cardinal* Charles *Borromée...*

˜ Mais les deux hommes qui firent le plus de mal à l'Etat et à l'Eglise de France, et même de Rome, il faut ici le rendre plus sensible, sont les deux qui aspirèrent en France à réunir, autant qu'il était en eux, le sacerdoce et l'empire sur leurs têtes : le cardinal de Richelieu (*) et le cardinal de Mazarin. Ils furent plus funestes que le cardinal Dubois, précisément parce qu'ils étaient mieux nés, et plus capables ; que la France et ses Rois étaient plus autorisés, et que les temps étaient moins mauvais. Les historiens qui les ont jugés avec le plus de sévérité et même de passion ne les ont pas assez flétris, parce qu'ils étaient à peine politiques, et qu'il fallait être théologiens.

Richelieu, plus coupable que Mazarin, parce qu'il le précéda et le choisit pour le remplacer, fils d'un capitaine des gardes, était né pour l'être lui-même, et dut se trouver un prêtre manqué. Evêque à 22 ans, il fut encore mieux un *Evêque* de ce genre. Une Femme étant Roi, c'est une femme, la marquise de Guercheville, qui lui ouvrit les portes de la cour, où il flatta tour à tour les deux grands favoris, le maréchal d'Ancre et Luynes. Son premier malheur politique fut de faire la guerre à tout prix aux calvinistes de la Rochelle, et d'en être lui-même le général. Les autres, qui en étaient la conséquence, furent une guerre·intérieure incessante, et à mort, à tous les grands, que l'élévation et les rigueurs d'un prêtre avaient pu indigner ; et puis une guerre extérieure, pleine d'ambitions, d'iniquités, d'inconséquence : d'abord à l'Espagne, fidèle alliée de la France ; ensuite à l'Italie elle-même, dont il semblait relever ; — à l'Allemagne, jusqu'à se liguer avec Gustave-Adolphe, le héros de la Réforme ; — et enfin à Charles Iᵉʳ, auquel il écrivait ces paroles qui furent prophétiques : « Le Roi d'Angleterre, avant qu'il soit un an, verra qu'il ne faut pas me mépriser. » — Son orgueil et son faste surpassaient ceux des Rois ; il dépensait 1,000 écus par jour (10,000 francs d'aujourd'hui). Ses gardes entraient avec lui chez le Roi, et il précédait partout les Princes du sang. Il cumulait les titres les plus hétérogènes de Duc et Pair de Richelieu, de Duc de Fronsac, d'*Amiral de France*, d'Abbé-Général de Cluny, de Cîteaux, de Prémontré, etc. Cependant, il faisait demander et obtenait la métropole de Lyon et la pour-

---

(*) Et son compère le *Capucin Joseph*, mort... la veille de la venue du cha-peau *rouge !*

pre, etc., pour son frère, sorti *ad hoc* de la Grande Chartreuse. Son plus simple neveu, Armand de Maillé Brézé, mourait comme Grand Amiral de France, à 27 ans. Tant d'arrogance et d'attentats n'étaient point effacés apparemment par le relèvement de la *Sorbonne* ergoteuse, la fondation de l'*Académie*, la substitution de ses drames de *Mirame*, etc., aux *Mystères de la Passion* supprimés par lui, et l'édification du *Palais-Royal*.

Mais la Justice du Ciel, lasse enfin de la sienne, allait la frapper en lui : « On le vit, dit Feller lui-même, traîner Cinq-Mars à sa suite, de Tarascon à Lyon sur le Rhône, dans un bateau attaché au sien, tandis qu'il était frappé lui-même à mort. Il se fit porter à Paris, sur les épaules de ses gardes, placé dans une espèce de chambre (cellulaire), où il tenait deux hommes à côté de son lit. Les gardes se relayaient : on abattait des pans de murailles pour entrer dans les villes. C'est ainsi qu'il alla mourir à Paris, le dernier mois de 1642, dans la force de l'âge... à la veille d'être Régent du royaume, et même Patriarche (*)... »

Les *Maréchaux*, les *Ducs de Richelieu*, les *Ducs d'Aiguillon*, etc., ont compromis, et même corrompu assez historiquement la Monarchie et les mœurs à toutes les époques. Ce sont eux, et même les duchesses de leur nom, qui publièrent, avec les apostats Grecourt et Vinot, les plus grandes infamies des Roués de la Régence, sous le titre de *Pièces choisies, par le Cosmopolite*.

Mazarin était digne, et indigne, de continuer Richelieu. Né à *Rome* un jour néfaste, le *14 juillet* du premier an du siècle qu'il allait dominer, il commença par être militaire, et même capitaine dans la garde du Pape..., qui semble s'être complu peut-être à l'élever aux grandeurs ecclésiastiques de la France. Ce que Richelieu fut à la puissance politique personnelle, Mazarin le fut à celle de l'argent. Le premier aurait bien voulu être Roi et même Pape, le second se fût contenté d'être leur valet de chambre, si c'eût été pour être plus riche... Il avait une immense famille de neveux et surtout de nièces avides à pourvoir. Il commença par faire l'une *Duchesse de Nevers ;* — une autre, Colonne, *Connétable de Naples ;* — une troisième, *Princesse de Conti* ; — l'une (je ne sais laquelle) *prétendue* du Roi Charles d'Angleterre.—Quoi qu'il en soit, « Mazarin mourut, sans contredit, le plus riche sujet qui ait jamais été, écri-

---

(*) Le *mot* même était si naturel, lorsque presque la *chose* même, on peut le dire, existait, qu'on publia des livres sur, pour et contre ; et notamment l'*Optati Galli de cavendo Schismate* ; l'*Optatus Gallus benignà manu sectus*, condamné à Rome l'année qui suivit la mort du Cardinal ; — le *de Consensu Hierarchiæ et Monarchiæ*, d'Isaac Habert, in-4o, — La meilleure réfutation du Projet terrible de Richelieu fut sa mort subite.

vait un de ses amis, Pomponne, cité par un président de nos jours qui s'est comme consacré à l'étude de la Cour et du Parlement de Louis XIV (Monmerqué). Ce qu'il laissa de biens va à 40 millions (300 de nos jours), dont il avait *treize* en *argent*, à Vincennes dans son hôtel (où il mourut); il y en a encore à Brissac, à Stenay, à Bruges, sans ce qu'il a en Italie.» Avec cette fortune prodigieuse, dont l'énormité accuse l'illégitimité, ajoute M. de Monmerqué, le cardinal était de l'avarice la plus outrée. Madame de Motteville dit que pendant sa maladie, lorsqu'il ne pouvait travailler, il s'amusait à peser les pistoles qu'il avait gagnées, afin de ne remettre au jeu que les plus petites.»—Mazarin avait appauvri la France; sa famille, Italienne, a pensé l'avilir. Il avait fait un homme, le plus pitoyable de France peut-être, *Grand-Maître de l'Artillerie*, duc de la Meilleraie, pour lui donner sa nièce, *Hortense Mancini*, le titre de *duc de Mazarin*, et la plus forte part de ses richesses scandaleuses. —Et précisément ce fut l'homme qu'un procès, et surtout un procès gagné contre *Hortense*, rendit « l'homme le plus ridicule de son siècle, » dit M. de Monmerqué, bon juge de procès et de valeur de procès.—Il avait fait un autre grand seigneur petit-fils de Vendôme, bâtard d'Henri IV, *cardinal de Mercœur*, parce qu'il avait pris une autre de ses nièces. « Il eut, dit Pomponne, la plus grande partie des *Bénéfices* ecclésiastiques que la mort du premier ministre laissa vacants.» — Par une destinée malheureuse, la tant belle *Marie Mancini*, connétable de Naples (celle que Mazarin crut un moment pouvoir imposer à Louis XIV lui-même), fut coupable et malheureuse à la façon de sa sœur *Hortense;* et publia, elle aussi, des *mémoires* contre son mari malheureux; et son fils n'en fut pas moins Cardinal Colonne.—Et pour en finir à jamais des étrangers, et surtout des cardinaux-ministres, par une fatalité sans exemple dans les annales des grands crimes et des crimes des grands, la plupart des nièces de Mazarin, *Laure, Olympe*, etc., et surtout la fugitive à Londres, où elle conspirait contre la France, se trouvèrent véhémentement soupçonnées de complicité, et même de provocation, des empoisonnements de la Voisin, seule brûlée par arrêt du Parlement de Paris, en 1680! La duchesse de Bouillon, sa sœur, la patronne de *Pradon* contre *Racine*, exilée à Château-Thierry, fut, par surcroît, convaincue de corruption de l'innocent La Fontaine, auquel elle commanda les *Joconde*, qu'il expia depuis par un *cilice*.... Ce nom de *Bouillon* rappelle naturellement le fameux *Cardinal* qui fit, dans les dernières années du siècle, presque autant de mal à l'Eglise romaine et à la Monarchie française, que les cardinaux de Richelieu et Mazarin venaient de leur en faire.—Le cardinal de Bouillon, que son oncle Turenne appelait le *Bouillant*, est une des plus grandes fautes du maréchal, qui en fit plusieurs. D'abord connu sous le nom d'*Abbé duc d'Albret*, il fut fait cardinal par l'immense crédit de sa famille, à l'âge à peine où il pouvait être abbé, à 25 ans; ce qui le fit surnommer l'*Enfant-Rouge*. Bientôt promu à la Grande-Aumônerie de.France, il fut envoyé ambassadeur à Rome. Mais voilà que le petit prince des calvinistes de Sédan en veut jusqu'à la puissance de Louis XIV; qu'il demande pour sa maison de Bouillon le titre de *Prince-Dauphin;* qu'au Jubilé séculaire de 1700, ayant ouvert pour le Pape malade, comme doyen du Sacré Collége, la *Porte Sainte*, il a l'audace, presque aussi grande qu'à un siècle et demi de là, celle de M. Guizot à Paris, de faire frapper une médaille de grande dimension, avec cet exergue : *Aperite Portas, quoniam Emmanuel!*.... Le cardinal avait le nom d'Emmanuel, et, avec son esprit connu, et dans le *statu quo* des affaires, nul à Rome ne s'y trompa plus qu'à Paris. — La même année, le cardinal revenu, en sorte d'exil, dans sa terre (comme consacrée par le Sacré Cœur) de *Paray le Monial*, écrivait à la marquise d'Uxelles, au rapport de M. de Monmerqué :... « Je ne puis être plus longtemps sans succomber à la tentation de vous renouveler, tout vieux doyen que je suis du sacré collége, une passion que vous fîtes naître dans mon cœur..... il y a près de 40 ans, etc. » —De là en particulier, les *Réquisitoires* de d'Aguesseau, les *Arrêts* du Parlement contre les revenus immenses, et les prises de corps contre le cardinal de Bouillon. — Force fut au cardinal de Bouillon de s'en aller, *honteux* et *confus*, mais *un peu tard*, mourir pénitent à Rome;.... à Rome, d'où sort le mal précisément parce que c'est de là que le bien sort.

Après les Cardinaux-Ministres de France, les plus fâcheux et les plus terribles sont les archevêques de Paris; et les uns aussi sont les promoteurs des autres. Tout le monde sait que l'amour et la haine seuls de Mazarin ont fait le fameux Cardinal de Retz (*) Coadjuteur de Paris ; lequel a fait, à son tour, toute la ville et toute la cour, tout le parlement et toute l'armée, toute l'Eglise et tout le monde, tout Paris et toute la France... Il n'est question que de lui principalement, de 1642, à la mort de Richelieu , à 1680..... à la décadence de Louis-le-Grand. C'est-à-dire, durant les deux plus mémorables règnes de la France : celui de Louis XIII, et celui de Louis XIV (**).

(*) Le bras droit du cardinal de Retz était le fameux abbé de Marigny, dont *la tête* (c'était assez du livre) fut mise à prix par le parlement de Paris, pour son *Traité du droit de tuer les tyrans* (et Cromwell en particulier). In-12, 1638.

(**) En violation formelle de la prescription de saint Jacques-le-Mineur, proche parent de Jésus-Christ. I, 9; et du dogme, si on peut le dire, de saint Paul. « Dieu a choisi *les ignobles* du monde pour détruire .. jusqu'aux choses (et par consé-

Cet homme inoui était tour à tour, ou à la fois, cardinal et
général, prêtre et roi, courtisan et populaire, orateur et

quent aux *noblesses*) futures. I CORINTH. I, 27, 8, Rome et Paris accablaient la
France de 47 Prélats *incapables*, selon Fénélon, où figuraient : « *le Cardinal d'Es-
trée, trop vieux et trop vif;* — Rohan (depuis si fameux), *jeune et d'une réputa-
tion gâtée;* — Mailly, *livré bassement à la fortune;* — Chamillard, *rien en tout
sens;* — Sillery, *manières nobles;* — Caylus, *courtisan;* — Matignon, *vieux et
incapable;* — Tressan, *naissance;* — Paulmy, *frère de M. d'Argenson;* —
Chaulnes, *rien d'ecclésiastique;* — Bricqueville, *sans talent;* — Grignan, *noble,
rien d'ecclésiastique;* — Philippeaux, *mince sujet;* — Saulx-Tavanes, *grossier;*
— Mailly, *frère du cardinal* (famille si fatale aux mœurs de Louis XV);—Fleury,
courtisan (même du Régent, depuis!), *sans savoir;* — Chavigny, *courtisan à
craindre;* etc., etc. »

 » Il ne faut pas, écrivait le même Fénélon à l'*évêque d'Arras*, que *les évêques
« se flattent sur leur autorité; elle est si affaiblie* qu'à peine en reste-t-il des traces
« dans l'esprit des peuples. On est accoutumé à *nous regarder comme des hommes
« riches* et d'un rang distingué, qui donnent des bénédictions, des dispenses et
« des indulgences; mais l'autorité qui vient de la confiance, de la vénération, de la
« docilité et de la persuasion des peuples est presque effacée. On nous regarde comme
« des *seigneurs* qui dominent et qui établissent au dehors une police vigoureuse;
« mais on ne nous aime point comme des pères tendres et compatissants qui se
« font tout à tous. Ce n'est point à nous qu'on va demander conseil, consolation,
« direction de conscience... »

En conséquence et en violation de la *Liste civile* épiscopale des évêques du siècle de Louis XIV et d'Alexandre VIII, etc., et de sa *lettre* à l'ancien *évêque d'Arras*,
une dernière grande *Éminence* a été l'objet de l'entente cordiale de Grégoire XVI
et de Louis-Philippe; et cette *Éminence* s'est trouvée l'*homme des lettres* suivantes.

« Arras, le 5 août 1845.

« Monsieur le maire, J'ai *le désir d'offrir à la ville d'Arras mon grand portrait,
tableau de grandes dimensions.* Mes vœux seraient *comblés* si, jusqu'à mon décès,
ce tableau était placé dans le grand salon de la mairie J'ose demander, comme
plus convenable, de *ne figurer au musée qu*'après ma mort. Si *cette condition* est
agréée, je m'empresserai de vous le faire remettre.

« Votre très-humble serviteur : CHARLES, cardinal de Latour d'Auvergne,
évêque d'Arras.

« Arras, le 11 avril 1849.

« Monsieur le rédacteur, vous annonciez dans votre numéro du *Progrès* que je
conserve 20,000 fr. de traitement, malgré la réduction de 5,000 fr. exercée sur
ceux des cardinaux. Il y a erreur de votre part, et cette erreur m'est *préjudi-
ciable;* il ne faut point qu'on me croie plus *à l'aise* que je ne suis. Mon *traitement* d'évêque est de 10,000 fr. Comme cardinal, je ne recevrai que 5,000 fr.
Total, j'ai 15,000 fr. Les pauvres *perdront* à cette diminution, ainsi que mes autres charges et travaux pour le diocèse. A *quatre-vingt-un an c'est un peu dur.* »
Je vous demande *en grâce* de faire bien connaître qu'il ne me reste que le total
ci-dessus. Doyen de l'épiscopat et de la chrétienté, *ayant pu être archevêque,*
arrivé d'ailleurs à l'âge des infirmités, je ne puis que *m'affliger de la gêne* qu'on
m'impose; mais je vous le proteste, *je n'en baise pas moins la main qui me
frappe.* CHARLES, cardinal, DE LA TOUR-D'AUVERGNE, évêque d'Arras. »

C'est le même malheureux cardinal qui a dit, écrit, et crié à toute la France,
en proie à l'indignation contre le journal et contre le *sabre* de Cavaignac; et
l'*Ami de la Religion* des évêques, et l'*Univers* des abbés ont admiré et glorifié
ces paroles déicides : «... Fils d'un homme d'épée, j'ai porté moi-même les armes,
et *je voterai pour un Sabre* : Je connais la France. »

Et vous ignorez l'Eglise et Dieu, basse *Éminence* que vous êtes!

Que dirait aujourd'hui Barthélemi des Martyrs, lui qui disait au Concile de
Trente : « *Illustrissimi Cardinales indigent illustrissimâ reformatione?*

écrivain, homme d'Etat et tribun, efféminé et actif, aimable et terrible. Or, il a mis l'Eglise gallicane en feu, et par conséquent la religion et la morale en question. Mille fois pire que Catilina, qui n'y mettait que la vertu et les richesses des Caton et des Cicéron, ses contemporains, lesquels vendaient à la fois leurs écus à cent pour cent aux pauvres, et leurs femmes et jusqu'à leur fille unique aux riches de leurs temps... Ce que le riche et courtisan président Hénault pensait à sa façon, en croyant le nier, lorsqu'il dit gravement que, « le cardinal était moins grand et moins méchant que Catilina. »

Voici un successeur de ce *Catilina* manqué, du grand nom de *Harlay*, mort en 1695, et peint de main de maître, par Fénélon, l'année précédente, dans sa fameuse *Lettre à Louis XIV* : « Vous avez un archevêque corrompu, scandaleux, incorrigible, faux, malin, artificieux, ennemi de toute vertu, et qui fait gémir tous les gens de bien. Vous vous en accommodez parce qu'il ne songe qu'à vous plaire par ses flatteries. Il y a plus de vingt-cinq ans qu'en prostituant son honneur, il jouit de votre confiance. Vous lui livrez les gens de bien, vous lui laissez tyranniser l'Eglise. Pour votre confesseur (le P. La Chaise), il n'est pas vicieux, mais il craint la solide vertu, et il n'aime que les gens profanes et relâchés. Vous êtes seul en France, sire, à ignorer qu'il ne fait rien, que son esprit est court et grossier. Les jésuites même le méprisent, et sont indignés de le voir si facile à l'ambition ridicule de sa famille. Ainsi c'est *un aveugle* qui en conduit *un autre*, et, comme dit Jésus-Christ, ils *tombent tous deux dans la fosse.*»

Après Fénélon, on ne peut plus citer que Bossuet. Or voici de ses dernières pensées, et comme le chant funèbre du cygne de Meaux, rapporté dans les *Promesses faites à l'Eglise*, publiées en 1733 : « Le Fils de Dieu nous a assurés que les portes de l'enfer ne prévaudront pas contre elle, et cela veut dire selon M. de Meaux, dans le *Catéchisme* de son diocèse, que l'Eglise ne sera jamais renversée, ni par les persécutions, ni par les hérésies, ni par la corruption des mœurs, ni par celle des particuliers, ni par celle de ses ministres. Mais il n'est pas dit, comme le remarque très-bien le même prélat, que ces portes de l'enfer ne *combattront pas contre elle...*

«Dès le XIIe siècle, saint Bernard (*Sermon sur le 33e Cantique.*) ne craignait pas de dire *que la corruption et la pourriture s'étendaient dans tout le corps de l'Eglise.* Les plaies de l'Eglise sont, dit-il, incurables, parce qu'elles sont intestines, *Intestina et insanabilis est plaga Ecclesiæ.* Rien de plus ordinaire que de voir les écrivains ecclésiastiques depuis ce temps-là appliquer à toute l'Eglise cette célèbre parole du prophète

Isaïe : 1, 6.) *Depuis la plante des pieds jusqu'à la tête, il n'y a rien de sain en lui* (le peuple de Dieu). Sans s'arrêter à citer ici un grand nombre d'auteurs qui ont cru que le prophète avait en vue dans ces paroles, non seulement la synagogue, mais aussi l'Eglise, je me borne au pape Eugène IV, écrivant aux Pères du Concile de Bâle pour les exhorter à travailler à la réformation, pour laquelle ce Pape n'avait pas certainement un fort grand zèle. C'était pourtant alors une maxime certaine que le corps de l'Eglise en avait besoin, qu'Eugène n'osait s'opposer sur cela aux vœux de toute la chrétienté, et qu'il écrivait en conséquence aux Pères du Concile d'y travailler sérieusement. Vous savez, leur dit-il, combien la religion chrétienne en a besoin, N'Y AYANT EN ELLE AUCUNE PARTIE SAINE DEPUIS LA PLANTE DES PIEDS JUSQU'A LA TETE, selon la parole du prophète. « Nostis enim quantùm ea indigeat religio christiana ; nam, ut ait Propheta, à plantâ pedis usque ad verticem non est in eâ sanitas. »

« *Ce langage n'a pas cessé dans l'Eglise*, bien que les maux, à force de devenir communs et ordinaires, aient cessé d'être aperçus par le grand nombre. Ecoutons parler sur cela en particulier M. de Meaux dans un ouvrage posthume. Le désordre, dit ce prélat dans ses *Elévations*, le déréglement, la corruption se répand dans tous les états, et *toute la face de l'Eglise paraît infectée.* Depuis la plante des pieds jusqu'à la tête il n'y a point de santé en elle. Voilà, dit-elle, que mon amertume la plus amère est dans la paix (M. de Meaux rapporte ici les propres paroles de saint Bernard). Ma première amertume qui m'a été bien amère a été dans les persécutions des Gentils ; la seconde amertume, encore plus amère, a été dans les schismes et dans l'hérésie. Mais dans la paix, et quand j'ai été triomphante, *mon amertume très-amère est dans les déréglements des chrétiens catholiques.* » L'endroit que nous venons de citer, n'est pas le seul où M. Bossuet ait parlé de la sorte. Dans l'*Histoire des Variations*, où il a pour but de défendre l'Eglise, il rapporte les paroles de saint Bernard que nous venons d'entendre, et il reconnaît avec ce grand saint *que les maux gagnaient le dedans et remplissaient l'Eglise de corruption.* Nous avons vu aussi que dans ce même livre ce prélat demeure d'accord qu'avant la naissance du Luthéranisme, c'était le langage non-seulement des docteurs particuliers, mais même des conciles, que l'Eglise avait besoin d'être réformée *dans le chef* et dans les membres, et que tout est plein de ce langage dans les conciles de Pise, de Constance et de Bâle. »

Concluons. Les quatre fameux hommes du siècle de Louis-le-Grand, Richelieu, Mazarin, ses premiers et uniques ministres ; Harlay, son archevêque ; et Le Tellier, son confesseur,

n'étaient en dernière analyse que ses plus grands corrupteurs, au jugement même du plus vrai, du plus charitable,
du plus illustre de tous les ultramontains (l'Archevêque
de Cambrai). »

Et ils étaient gros, à plus ou moins de distance, du cardinal
Dubois de la Régence, mort le 10 *août* sous le scalpel vengeur
d'un opérateur secret; du cardinal de Tencin (archevêque de
Lyon, vrai premier ministre, frère de la Tencin; et surtout
du cardinal de Fleury (c'est Dubois lui-même qui le désigna
et le présenta à la cour). Pire mille fois que Richelieu, qui
rendit odieux Louis-le-Juste, et Mazarin, qui perdit Louis
XIV, le cardinal de Fleury (si inférieur au *prieur d'Argenteuil*
son homonyme) ne fut appelé le *Pacifique* et même le *Bon* (il
persécuta toujours, et quelquefois jusqu'à la cruauté, les
seuls hommes qui avertissaient les sentinelles d'Israël, les
solitaires de Port-Royal) que parce qu'il s'endormait et endormait le roi de sa façon (il fut Précepteur de Louis XV) à la
corruption, pourtant si grande, de la cour au milieu de laquelle il vivait. Il allait droit, et vite : — au cardinal de Luynes, glorifié en 1788, par d'Alembert, en pleine académie révolutionnaire; au cardinal de Bernis, créature de la Pompadour, théologien *au point de vue de l'Opéra*; au cardinal de
Rohan, figurant *en collier*, entre la comtesse de Valois et la
Reine; au cardinal de Brienne (père de feu le général Vallée);
à l'évêque d'Autun (Talleyrand) le consécrateur de Gobel, au
refus de Brienne lui-même; à Gobel (on dirait de *Gog* et *Baal*)
du jour au lendemain, archevêque de Paris à Notre-Dame,
et apostat à la Convention.

Les anneaux de la même chaîne, pour sembler plus ano-
dins, n'en étaient, selon nous, que plus faux et plus funestes. Tels furent, tour à tour, ou ensemble : — le cardinal
Maury, qui trahit tour à tour, ou ensemble, le sacerdoce et
l'empire, la Cour et l'Assemblée, Louis XVIII et Bonaparte,
Pie VI et Pie VII ;— le cardinal-oncle (Fesch), grand marieur
et divorceur du roi-neveu; —le cardinal de Boisgelin, tra-
ducteur des *Amours* d'Ovide, et réduit à renier sa place dans
le *Dictionnaire des Athées ;*— et surtout ce cardinal Caprara,
qui sacrifia si bien le sacerdoce et jusqu'à la vertu, à l'empire, et dont l'apostasie était si digne de l'apothéose. (Son
corps est au Panthéon, à côté peut-être de Rousseau et de
Marat indignés.)

Et, à leur faîte : et l'*abbé* Louis, presque aussi grand financier,
comme on sait, que l'*abbé* Terray ; et l'*abbé* de Montesquiou,
le premier ministre de l'intérieur de la Restauration, et le
rédacteur de la 1re charte, prenant pour secrétaire le *Guize*
qui fait le plus de mal à là France depuis trente années; et ce
Feutrier, le rédacteur de la fatale Ordonnance *papale* et *royale*

de *Juin* 1828, trouvé deux ans après (1830), *jour pour jour*,... mort dans son lit, d'une apoplexie, foudroyante comme la Révolution de juillet! — et ce *Frayssinous*, le premier *Conférencier* de ville, et le dernier *prélat de cour ;* — et ces Cardinaux et Evêques *Pairs de* la *France* qu'ils avaient perdue (tous les journaux ont remarqué qu'en *treize* années *tous* les Evêques *Pairs* en 1830 sont morts, hormis *un* qui fait pénitence à la *Chartreuse*.)

Tous ces Prélats, tous ces Evêques, tous ces Cardinaux étaient effroyables, en tant qu'hommes d'Etat (*). Un grand nombre l'étaient même comme hommes du monde. Et cependant, les plus *Saints Pères* qui leur avaient donné l'Institution, et surtout le *chapeau* sans les connaître, ceux-là surtout qui les leur donnèrent après les avoir connus (**), étaient ou furent plus effroyables qu'eux !

Depuis longtemps que les Rois n'osent plus, et que les peuples et même les nobles et les riches ne souffrent plus de Cardinaux, d'Evêques ou d'Abbés seulement dans les Conseils, l'esprit Prêtre-roi s'est réfugié dans le journalisme. Et c'est le journalisme sacerdotal, à la lettre, qui a présidé en Roi, et en Pape à la fois, à tous les derniers malheurs, bien autrement graves que les anciens. Il a commencé par s'introniser *ad hoc* dans le vieux *Journal des Débats* (les envieux le nommaient *ad hoc* le Journal *des Rabats*). Et il a fini par les *Etoiles* et les *Gazettes* avouées de l'abbé de Genoude ; et les *Univers Religieux*, et les *Amis de la Religion,* dissimulés.

Il est toutefois une prévarication plus grande, s'il est possible, que toutes les autres : car elle a tous les airs du désintéressement, de la fidélité, de la vertu, du courage même ; et c'est, en dernière analyse, la fuite du péril, l'abandon du troupeau, par le berger, lorsqu'il voit ce qu'il croit *le Loup* venant ou venu. Nous voulons parler de l'*Emigration*, la plus

(*) Les cardinaux *premiers ministres* sont encore pires en Italie qu'ils ne sont en France ou en Espagne : en dernier lieu, les deux *Ruffo*, par exemple, qui portaient le mensonge jusqu'à se dire les descendants du fameux *Sylla*, descendant des *Rufus*.

L'un, surnommé le *Cardinal Général*, prince de *Scilla*, était en effet, une sorte de *Sylla* au petit pied... Dans ses loisirs, et peut-être dans sa *Cumes*, il publia ses traités des *Manœuvres des troupes* et des *Mœurs des Pigeons*.

(**) Entre beaucoup d'exemples, le pire de nos grands apostats, Gobel, fut élevé à Rome même ; nommé dès 1789, à Rome, évêque *in partibus* ; admiré, dit l'histoire, par Pie VI lui-même. Et l'abbé Maury, qui venait de faire condamner la religion (*) catholique à la Constituante, en donnant lieu à ses juges de croire qu'il l'avait défendue, fut reçu triomphalement à Rome, par le même Pie VI, qui le nomma Cardinal, en connaissance de cause, en 1794.

(*) Tacite était de ce sentiment terrible contre tous les Cicérons de l'Univers, dans ces belles paroles de ses *Annales* : Cum accusatores ac testes certatim perorarent, *respondente nullo, miseratio quam invidia, augebatur.*

grande faute religieuse du clergé, la plus grande politique de la noblesse, et surtout de la royauté. Et la première aussi causa et précéda l'autre. Les deux ensemble causèrent tous les crimes, et avec eux tous les malheurs du pays, toutes les terreurs, toutes les expropriations dans les presbytères, tous les sacriléges dans les églises, tous les bourreaux et toutes les victimes dans les prisons et sur les échafauds. Les prêtres en général, qui n'avaient semblé que lâches ou inoffensifs dans l'intérieur, parurent traîtres et solliciteurs de réactions à l'étranger. Et on se vengea, par provision, du grand nombre des transfuges sur le petit des fidèles.

La plus chère *Patrie*, pour le *Prêtre* surtout, le *Père* par excellence, *c'est le sol* où sont *attachées à la glèbe* le plus grand nombre des âmes (et celles-là *n'émigrent* jamais) que l'Evêque ou le Pape ont liées, à la vie à la mort, à la leur.

Et nous souscrivons (car Pie VI a souscrit lui-même, en lui prêtant sement) à la première *Constitution romaine*, dont l'article 8 portait : « Les inscrits sur la liste des émigrés français sont exclus pour toujours des droits de citoyens romains, et bannis du territoire de la République romaine. »

Aux plus grands seigneurs du clergé des derniers temps, apprenez à connaître les autres, leurs promoteurs secrets, aussi bien que leurs jaloux. Tous leurs vices, on l'a senti, lorsqu'on ne l'a pas lu, se réduisaient à *un* originaire, et dominant, appelant et excluant à la fois tous les autres: partout, l'argent au défaut de l'or ; l'aisance de la vie, quand ce n'est pas son luxe; la *Cure*, si on ne peut l'*Evêché*; et à Rome, la seule *Prélature* pour consoler de la cléricature; et le *Chapeau*, de la Tiare.

Et c'était évidemment la pensée finale et fine de saint Bernard dans ces paroles: Monstruosa res, *gradus summus* animus imus.

Mais il est, ici, de grands faits politiques, et patents, qui tiennent lieu des individualités les plus nombreuses et les plus frappantes. En s'élevant au plus haut, et en descendant au plus bas des plus grandes insurrections, et des révolutions les plus contraires aux majorités populaires, c'est toujours l'intérêt temporel et mondain secret de la majorité des mauvais prêtres que vous trouvez. Nous le démontrons, à part, en ce qui concerne les Papes-rois, et pour l'Europe en général. On le sait assez en France, et pour la France, au seul souvenir de la Révolution de 89, qui ne s'éleva, ne progressa, qu'à la faveur du plus pauvre *Déficit*, que la plus petite part des biens ecclésiastiques (*) suffisait à couvrir; qui ne se con-

---

(*) Un très habile laïque, oublié et digne d'une célébrité nouvelle, le modeste Puységur, après avoir fait voir et aimer la religion catholique, finit, lui aussi, par ne lui voir de salut et de preuve que dans sa sortie du gouvernement temporel, et dans la diminution de sa fortune. Et son *Droit du souverain sur les biens*

somma, ne se surpassa pas des excès (la plupart aussi contre le clergé et les siens) qu'à la faveur de la mesquinerie du haut clergé, qui sembla ne parler à la Constituante que pour marchauder. Aussi, dans le sentiment de sa nécessité pour la correction et l'expiation de l'Eglise, bien autrement que de la nation, donna-t-on au dernier *déficit* le nom de *bienheureux*.

Les richesses personnelles et le luxe du plus haut clergé(*), le plus désastreux de tous, étaient effroyables. Et, pour n'en citer qu'un exemple, le seul Cardinal de Rohan n'avait rien moins qu'une cour, dont le seul évêché de 600,000 fr. de rentes (2,000,000 d'aujourd'hui) ne faisait pas la moitié des frais.

La nouvelle prélature est bien loin de cette opulence, mais elle en a le souvenir ; elle en a le regret même ; elle est impatiente de sa pauvreté, et de ce qu'elle croit son expropriation et son humiliation de 1789. Elle est riche, au lieu de se faire pauvre, en esprit. Et voilà la pire des richesses.

Elle est la seule cause première et secrète de la translation de la grande propriété des deux premiers ordres de l'Etat ancien au tiers ; elle est la seule cause de l'accroissement énorme de cette propriété déjà si grande. Le Clergé de France, ayant, par la double puissance de la religion vraie et de la langue française, seul action sur les dissidents ; et, par la confession, seul action sur les fidèles, est encore mieux la seule cause des enrichissements modernes. Les prêtres, propriétaires, ou créanciers, sont criminels, si on peut le dire, ... des riches et des pauvres à la fois ; des riches et de leur avarice dans la vie, et de leurs dons plus aveugles, plus iniques, plus funestes encore dans les testaments.

Et que le Clergé de France, et les Evêques, et les Archevêques, ceux de Strasbourg et de Besançon, en particulier, ne crient point à l'exagération, ni surtout à la calomnie ! ils viennent de le dire eux-mêmes, dans leur Approbation des *Révélations* de l'Extatique de Niederbronn : « Le 8 juillet. entre midi et une heure, elle entendit le Sauveur prononcer d'un ton plaintif ces paroles : « Vois, ma fille, *le grand nombre* des Prêtres qui ne font *nulle attention* à mes grâces et à mes miséricordes, et qui ne m'écoutent point ; leur cœur est

---

attaché au monde, ils mettent *leur bonheur* dans la possession des biens terrestres et de l'argent. » La sœur vit qu'ils s'acquittaient de leurs fonctions *comme malgré eux*. Elle vit que leurs travaux, privés de la bénédiction de Dieu, demeuraient stériles. Et le 19 juillet, la Sainte Vierge lui dit : « Dépose toute crainte ; DIS HARDIMENT AUX PRÊTRES MONDAINS, que s'ils ne mortifient pas leur sensualité, et ne se détachent pas des choses de la terre, je les visiterai par des châtiments. » Cette menace fut faite d'un ton si sévère, que, levant les mains

artisan de Bourges, il devint, en peu d'années, successivement le plus grand armateur de France et d'Italie, ayant des navires sur toutes les mers ; ambassadeur de France à Rome et aux conciles ; ministre des finances ; comme roi, et plus que roi de France sous Charles VII, car il avait jusqu'à 300 facteurs sur les places de l'univers. Aussi heureux sur l'ancien monde que Christophe Colomb (qu'il suscita peut-être !) allait bientôt l'être sur le nouveau, il fut encore plus malheureux. Et ce fut par l'envie des grands et des maîtresses du roi (ne l'accusa-t-on même pas de la mort d'Agnès Sorel ?) qui se liguèrent contre lui, l'accusèrent de la ruine du pays qu'il avait enrichi, lui firent son procès au Parlement, se partagèrent sa fortune immense, et l'emprisonnèrent. Mais il se trouva, pour le sauver de ces ingrats, un paysan nommé Jean Village. Et le voilà qui, par une providence nouvelle, se trouve Général de la flotte que Calixte III envoya contre les Turcs en Grèce, l'an 1456. Et la royale ville de Bourges est encore aujourd'hui couverte de la munificence de son pauvre enfant. Et Jérusalem elle-même conserve encore son Hospice des pèlerins à la Terre-Sainte !

Les derniers venus de cet ordre inouï n'en sont pas indignes. Un simple tonnelier de Lyon, s'aventurant sur un vaisseau d'Orient, est devenu, sous le nom de *Général Martin*, souverain d'une partie des Indes, comme pour doubler la fortune et les établissements de la seconde ville de France.— Un pauvre Savoyard de Chambéry, du nom de *Borgne*, s'enrôlant à 17 ans en 1778 pour les Indes Anglaises, en revint en 1796, Général de Boigne, donner sa main à la fille d'un ambassadeur à Londres, et faire dans la ville de Chambéry, encore plus de fondations que n'en avait fait Martin à Lyon.—*Cuillier*, dit *Perron, enfant tissier* de Château-du-Loir, s'est trouvé un beau jour, comme l'empereur du Mogol, pour revenir en France en 1804, avec 20,000,000 d'or ; et, moins bien inspiré, se faire des gendres des noms de Larochefoucauld, de Montesquiou, etc — Avant eux, un soldat français, nommé Sombre, de Sommeron (Aisne), devint Prince de Sardanah ; et son ami, et son successeur, Levassau, de Lorient, Roi, en même temps qu'Allard, de Saint Tropez, Ministre de la guerre du Souverain de Lahore.

La noblesse ou la magistrature n'ont rien à comparer, mais à opposer, aux testaments des Martin et des Boigne, les enrichis du courage, que celui du baron de Monthyon, l'enrichi de la cour, et même de la banque. — Comme tous les Lords et tous les Pairs philanthropes d'Angleterre ne sont guère que des *caricatures* de ce Jean Howard, qui, de garçon épicier, s'érigea en Missionnaire universel de la Pitié, et passa, on peut le dire, en faisant le bien, dans toutes les prisons de l'univers, glorifié, depuis bientôt un siècle, par des historiens et des orateurs tels que Burke, et des poètes tels que Delille — Comme les plus nobles Cardinaux, et les Papes les plus rois ne sont pas dignes de dénouer les souliers de l'ex-pâtre, saint Vincent de Paul ; et du simple curé d'Ars, précisément le compatriote et disciple sans doute de saint Vincent, à deux siècles de distance.

Une autre sorte de propriétaires pouvait encore, dans les derniers temps, être opposée aux nobles, en fait de bienfaisance et d'intelligence ; ce sont ceux qui ne refusaient l'hospitalité elle-même à *nul* pauvre, et refusaient la noblesse à l'Empereur Léopold, comme les Fleurot du Val d'Ajol (dans les Vosges). Les princes et les philosophes célèbres allaient les visiter. On peut les considérer comme les premiers modèles et les vrais sages du socialisme

au ciel : « O Prêtre ! s'écria-t-elle, si vous ne pratiquez pas mieux la morale que vous prêchez, *que deviendrez-vous ?* »

Que deviendrez-vous ?... quand vous ne resteriez que ce que vous êtes !... votre prévarication, c'est la plus grande cupidité latente, quand elle ne peut être patente, c'est-à-dire l'ambition unie à la lâcheté. Jadis, quand les Rois étaient forts, ils étaient les Rois des Rois. Aujourd'hui que les Rois, de par les Rois, sont devenus comme les sujets des peuples, les Papes-rois ne sont plus que les esclaves des Rois !

(Nous avons vu les grands et le clergé ordinaire, en présence du peuple... Que serait-ce si nous pouvions voir *ici même* les meilleurs Rois purs et simples et les meilleurs Papes-rois dont nous avons fait le tableau dans le livre de *la Grande Apostasie.*

Le dernier mal, le mal final du Clergé, en France principalement, c'est celui qu'on appelle la *Réaction* : car ce n'est rien moins que la plus odieuse des *révoltes,* celle qui se nie ; et c'est, au fond, le clergé seul qui en est le moteur, plus ou moins visible.

Nous l'avons caractérisée, prophétiquement déjà, en ces termes de la *Presse prophétique* de *Juin* 1848 : « Un parti, comme un homme, en effet, n'est jamais dangereux, hostile, et bientôt vainqueur de rechef, que lorsque LA JUSTICE D'ICI-BAS (qui pourrait si facilement l'être *si elle savait !*) n'est point, vis-à-vis de lui, l'interprète rigoureuse de la justice d'en haut.....

« Or, c'est la justice d'en haut, seule, apparemment (le *banquet* n'en a été que la très-petite occasion), qui, en frappant d'aveuglement et d'inertie le dernier *Roi,* frappait aussi les *gens du Roi* (*), et leur disait : *Retirez-vous* !

« Comme la dynastie des hommes de *Juillet* est tombée, on

(*) Nous ajoutions en note, prophétique elle-même, au commencement et à la fin : « Et quel mal, quel déshonneur après tout (dans le parti même, c'est un honneur !) pour un *dynastique,* et surtout pour un *royaliste,* de n'être plus ou pas *député,* comme *l'abbé* Fayet *et le marquis* de La Rochejacquelein ; *juge* comme Portalis, ou bien *procureur* de la république comme Dupin ; *académicien,* comme Pardessus ; *décoré,* comme Laurentie ; *professeur,* comme de Portets ; *journaliste* libre, comme *l'abbé* de Genoude ! ..

Dans la vue, et avec la certitude de nous *laver les mains* d'une souveraine iniquité, dans les élections de 1848, nous avons directement ou indirectement voté avec le plus grand nombre des républicains réels ou *in petto* de la veille, contre le petit nombre des vieux royalistes, improvisés républicains. Et nous avons dit à tel propriétaire. et à tel archevêque (celui de Paris, entre autres) : Si l'Assemblée était tout entière de Pierre Leroux homogènes, sa *Constitution* aurait pour article 1er : *La propriété est sacrée.* — Si, tout entière de Proudhon, elle aurait pour premier article : *Dieu seul est Grand !*

A cette loi, c'est l'abbé Maury (futur *intrus* de Paris), qui a provoqué Mirabeau ; c'est Mirabeau, qui a suscité Robespierre. — De nos jours, c'est Lamartine qui a fait un Barbès indigne. — Un personnage moins bon comme homme, mais

peut le dire, sous la haine et le mépris publics, pour avoir gardé, pour avoir accepté, favorisé, les traîtres à la vieille dynastie, encore plus que souffert les héros de la nouvelle ; la meilleure des Républiques, elle-même, n'en tomberait que mieux, si on n'y prenait garde, parce qu'elle aurait voulu *inamovibiliser* une dernière fois, au préjudice des derniers vainqueurs, la presse, la législature, l'administration, et jusqu'à la magistrature des derniers vaincus.

» Comme la personne, la royauté (je ne dis pas le pontificat) de Grégoire XVI, s'est évanouie sous l'indifférence ou la haine universelle de l'Italie, pour avoir favorisé les princes et les grands corrupteurs des peuples : celle de Pie IX lui-même, s'il devenait *Réacteur*, s'il ne savait point susciter, ne pouvant faire, la *Démonstration* annoncée par l'Esprit-Saint, sous le nom de *Petit livre* éclatant (*Libellum apertum*), comme le signe unique, et l'unique *Logique du Salut* de notre âge, se précipiteraient (c'était annoncer à la lettre la mort politique de Rossi, et la mort religieuse de Monseigneur Palma) dans son propre sang peut-être !

» Mais sa *croix* aussi renouvellerait bientôt la face de la terre, et glorifierait enfin ce que sa plume n'aurait point osé glorifier ; elle qui n'a pas craint de célébrer, de populariser la personne, les *pamphlets* et les *constitutions* de M. Cormenin, tour à tour grossièrement flatteur des peuples et des tyrans !

» En résumé, et encore une fois, lorsque le mal est, comme en 1849, dans les entrailles même d'une société, ou à son comble, il ne saurait y avoir de possibles, de faciles même, de sûrs, de grands remèdes, que L'AMNISTIE UNIVERSELLE des grands coupables, les rivaux des gouvernements, et celle des petits par surcroît ;— la RETRAITE et la pudeur des vaincus de *février*, — et le LIVRE exclusif des Bibliothèques. — Tous les autres prétendus remèdes, et surtout la *justice cri-*

---

meilleur comme intelligence que Lamartine, et à sa place, pourrait faire un Barbès-Babeuf.

Aujourd'hui qu'à l'*Assemblée Nationale* il n'y a plus même d'apparence de Maury, plus seulement de Cazalès, il pourrait suffire de M. Thiers pour faire sortir une dictature entière *armée, du cerveau* du premier *Jupiter,* et même du plus *petit Napoléon* venu.

La presse, le premier des privilèges, est aussi la première des fonctions. Demeurée *entière* aux dynasties de *Février,* elle devait, seule, rendre illusoire et *poétique* le *suffrage universel* de Genoude et de Lamartine ; et, sans la *réaction* dont sa *réaction* est grosse, elle aboutirait infailliblement à la Régence *par acclamation* ! »

Nous ajoutons aujourd'hui, 21 *janvier* 1850 : « La seule rentrée de Guizot à Paris, et surtout sa rentrée hypocrite .. par l'*Académie,* et les *Stuarts,* est une occasion et même une cause morale d'insurrection, plus terrible contre lui et les siens qu'une sanglante !... Et tel est pris qui croyait prendre.

minelle, et le *mélange* rationnel des vaincus avec les vainqueurs, dans les fonctions ou les honneurs publics de la République, la plus juste suppression même du pire journal,
sont les *petits remèdes*, apparents, momentanés, qui doublent
à la longue les forces, déjà si grandes, du mal, et constituent
les seuls maux réels.

» Et, comme la plus basse et profonde erreur touche à la vérité la plus élevée, et que pour réfuter sans réplique, Proudhon, par exemple, il ne faut rien moins qu'un homme de
génie, c'est la polémique incessante de Messieurs de l'*Univers*
et de l'*Ami de la Religion*, de la *Gazette* et de l'*Union*, plus encore que celle du *Constitutionnel* et des *Débats*, contre le communisme,... devant le *peuple*, dont *ils n'ont pas l'oreille*, qui
constitue le plus grand mal actuel ; car, elle célèbre, et rend
plus cher au *peuple*, elle fait triompher, même rationnellement Proudhon lui-même, dans un moment où les riches ne
sont guère, les rois rien, et le peuple tout.

» Le silence ou la *diversion*, ici, seraient, certes, bien moins
dangereux.

» Sans les trois moyens en question, vous auriez d'autant
plus sûrement, d'autant plus terriblement, que vous l'auriez
plus longtemps, et plus habilement et à plus de prix compri-
mée, la grande *Réaction*, dont celle que nous voyons n'est
que le prélude. Et les rigueurs de 1832 et de 1834, et les faiblesses et les bascules de 1830 à 1847, n'étaient pas autant
grosses des réactions, si naturelles, de 1848, que celles de 1848
ne le seraient de ce communisme ou de cet absolutisme qui
nous font trembler.

» Et vous auriez, en attendant, au défaut de la guerre dans
les rues, celle dans l'*assemblée* : des guet-apens contre les
hauts représentants, réels ou présumés, de tel ou tel prétendant ; — des incendies contre les propriétés : — et, comme
pour donner raison aux insurgés et aux méchants, que tout
le monde a faits (ici la prévision est contre toutes les prévi-
sions !), le *Choléra* russe et divin contre tout le monde !

» Gouvernements, gardes nationales, constituantes, rois, et
surtout Pape (*) (s'il ne peut la *guerre étrangère*, les rois qui
lui sont *fidèles* la peuvent-ils plus ? A-t-il lui-même dans
Rome le simple *droit de glaive* et de *bourreau*, qui est une
façon de *guerre civile* ?) tenez-vous donc pour avertis ! *Sentinelles*, que Dieu a préposées au salut *facile*, encore plus qu'à
la ruine *difficile* des peuples, *prenez garde* à nous, et *à vous*,

» Dans notre siècle, plus que dans tous les autres, toutes
les conditions ensemble, mais surtout les grands, de cha-

(*) Cette prophétie est encore plus incroyable, même pour le Voyant.. .

cune, les riches et les propriétaires; les royautés patentes, et surtout les latentes, seront de plus en plus grandement éprouvés, ainsi qu'il est prédit littéralement dans la *Sagesse : Potentes Potenter tormenta patientur;* et figurativement dans l'*Apocalypse :* d'abord, par la confusion de *tous les rois* et de tous les tribuns ensemble (on dirait toute l'année 1848 !) : *Et reges terræ, et tribuni, et divites, et omnis servus et liber absconderunt se.* VI, 15. (on dirait toutes les *mélées* de juin!) — et, à la fin, par le *tremblement du sol* INOUI (il a peur déjà) ; *Et terræ motus factus est magnus, QUALIS NUNQUAM.* XVI, 18.

VII. Le Socialisme… futur, prochain, et infaillible, expliqué par la seule Grande Apostasie.

Ut et illorum abundantia vestræ inopiæ sit supplementum, ut fat æqualitas. II. CORINT. VIII, 14.

Et omnis insula fugit, et montes non sunt inventi. APOC. XVI, 20.

Les dernières vérités et les derniers évènements sont plus décisifs encore.

Les fautes, et, on peut le dire, les prétentions, la propriété, la royauté de la Papauté, de l'Episcopat, de la Cure, de la prétendue Communauté religieuse ou séculière, ont seules causé l'étude, l'examen, le jugement, et la condamnation rationnelle de la propriété, et même de la société en général. — Qui oserait le nier, que ceux qui nient toute cause? — Qui, le blâmer, que des intéressés et des récusables?

La royauté et la propriété sacerdotales, renouvelées, malgré leurs défaites de 1789, et surtout de 1793 à 1813, et devenues, avec le temps, plus présomptueuses, plus hypocrites, plus désastreuses, plus odieuses, devaient finir par être ou par sembler plus intolérables et plus révoltantes que jamais.

Elles ont révolté déjà, c'est une preuve qui serait seule suffisante : car les faits sont tous plus *accomplis* et plus accomplissants qu'on ne pense.

(*) Les noms de *Socialisme* et de *Socialistes* étaient naturels, et sont venus dans l'insuffisance de la *société* et même de l'*ordre social,* qui sont devenus, sous le nom de *monarchie,* l'anarchie absolue.

Mais il est une locution restée vierge : l'*Assemblée Sociale,* et elle triomphera, en temps et lieu.

Nous avons dit que la Grande Apostasie avait *justifié* le socialisme; nous n'avons pas dit trop : car l'Esprit-Saint et l'Eglise elle-même, par conséquent, l'ont supposé, et même dit avant nous, dans les termes les plus décisifs. Les levées d'armes, les victoires à tout prix, les gloires, les canonisations des seuls Machabées, montrent et démontrent en effet qu'il y a des bornes à tout, et des cas majeurs dont la réserve et le jugement n'appartiennent qu'à Dieu. Et l'on voit, à la lecture la plus superficielle des livres de ces grands hommes, qu'ils se battaient au fond bien moins contre les Antiochus que contre les Grands Prêtres et les Pharisiens de leur temps.

Il ne s'agit plus que de savoir lesquels, de ceux-là ou des nôtres, sont les pires. Et précisément saint Paul, qui se connaissait en pharisiens, puisqu'il l'avait été, ne craint pas d'avancer, d'annoncer, de prophétiser que les pharisiens du Christianisme seront un jour pires que ceux du Judaïsme ; — que, d'attentats en attentats, ils iront un jour jusqu'à crucifier de nouveau le Fils de Dieu ; ou plutôt, et encore plus, on peut le dire, que le Fils de Dieu, leur Saint-Esprit à tous deux. En ces termes, si énergiques, et si sublimes: *Rursùs Crucifigentes sibimetipsis Filium Dei.* HEBR. vi, 6 ; — et que, dans cette carrière sociale nouvelle, *feu* l'Evêque de Langres, Parisis, à l'*idée fixe*, nulle, de la *Liberté* de l'enseignement, fait, de la meilleure foi *du monde*, plus de mal à l'Eglise Gallicane, que ne lui en fit, durant un demi-siècle, le premier inventeur du monopole de l'*Université*, en *Septembre* 1791, l'Apostat d'Autun Prince de Talleyrand.

Car, on ne peut pas plus, d'une part, nier le progrès du bien et du mal, qu'on ne peut nier Dieu lui-même ; et nier, d'autre part, que les plus grands attentats ne sont point matériels, mais spirituels; point visibles, mais cachés ; — qu'il y a plus d'incrédulité dans le nouveau Prêtre, orgueilleux et cupide, de la manducation eucharistique à l'Autel, qu'il n'y en avait dans le vieux au Golgotha (aussi est-il écrit, de ce dernier, ce qui ne l'est point de l'autre, qu'il *ne savait ce qu'il faisait!*)

Et qu'enfin, et mieux encore (tant Dieu est miséricordieux et humain), le péché de l'homme contre l'homme est plus grand que celui de l'homme contre Dieu; car le premier seul prouve le second, selon le mot sublime de saint Jean, l'apôtre de l'*humanité* par excellence : « Celui qui n'aime pas son frère qu'il voit, n'aime pas Dieu qu'il ne voit pas. »

Et les faits et l'histoire, à cet égard, vont parfaitement à la théorie. Les sociétés romaines et françaises, types et modèles de toutes les autres, sont, depuis longtemps déjà, divisées en deux grandes classes universelles : les royautés et les aristocraties sacerdotales et politiques, d'une part; le prolétariat et la pauvreté, de l'autre. Les premières, en gé-

néral, professant et pratiquant, plus ou moins, le *Sensualisme;*
les autres, en général, le *Socialisme.*

Les premières luttes spirituelles et matérielles aussi, entre
les peuples et les gouvernements, ont eu lieu à Paris, à Naples, à Milan, à Rome, avant Vienne et Berlin. Et les premiers et les plus avancés promoteurs de ces luttes furent,
comme ils devaient être, les deux prêtres italiens les plus
célèbres, Ventura et Rosmini; et les deux Français les plus
remarquables, Lamennais et Chantôme (*). Et Pie IX lui-
même n'a pas fait autre chose, aux deux premières années
de son règne, qu'à donner ici le branle à tous les esprits.

C'est que « le Socialisme, ainsi que nous l'avons dit ailleurs,
n'est pas autre chose qu'un fonds de vérité immense. C'est un
voyage, jusqu'à ce jour mal conçu, mal entrepris, *dans les
nues,* comme *Icare,* à la recherche, non certes de l'abolition,
physiquement impossible, mais de la justice, du meilleur emploi, et de la *réhabilitation* de la propriété avilie. »

Les Socialistes les plus avancés, les plus impatients, les plus
insurrecteurs, les plus redoutés, laissés ou placés aux affaires,
ne feraient guère, *sur* ou *contre* la royauté et la propriété, que
ce que font *pour* tous nos *conservateurs;* que ce que la dés-
espérance générale a fait déjà.

Toutes choses égales, s'il y avait des *innocents* dans les deux
grandes sections de la Société présente, ce seraient plutôt les
Socialistes. Toutes les sortes de dynasties ont commencé par
l'être, avec plus de bonheur, mais aussi avec plus d'audace,
mille fois, que n'en ont montré encore les disciples qu'elles se
sont faits. Le peuple, et même les meneurs du peuple, ne sont
guère à craindre; ils ne sont pas plutôt *maîtres* qu'ils rede-
viennent obéissants, et que leurs ennemis nés, ingrats, se re-
mettent à les corrompre... Et la Montagne redevient colline,
et même vallée. Et le lion et la lionne même du peuple, se
refait agneau. Et si une royauté instantanée était jamais utile,
ce serait encore lui seul qui l'accomplirait contre lui !

Et il ne faut pas oublier que le plus autorisé et le plus vrai
des Socialistes a dit : « La République sociale qui coûterait
aux petits propriétaires de 2 ou 3,000 livres seulement de revenus fixes ou éventuels, le quart seulement de ce que leur a
coûté la plus bénigne Restauration, n'aurait pas le sens commun, et aussi n'aurait pas un an de durée. »

Et quels hommes d'Etat modernes, quels antisocialistes surtout, ne furent pas, et ne sont pas encore socialistes?

(*) Il est même ici remarquable que les quatre laïques français les plus avancés en socialisme, sont quatre métaphysiciens : Pierre Leroux, éditeur de l'*Histoire ecclésiastique* de Fleury; Considérant, qui croit à l'avénement du Saint-
Esprit; Emile Barrault, qui croit à Dieu; et Proudhon, qui croit ne croire à rien.
Leur maître à tous, Alexis Dumesnil, est connu par sa Foi austère.

Et le premier des Bonaparte, que fut-il, qu'un Socialiste *ex abrupto*, lorsque, impatient d'un généralat, et même d'un *protectorat* à la Cromwell, il en voulut, coup sur coup, au Premier consulat, à l'Empire des Français, à la Royauté d'Italie, à la Domination européenne : c'est-à-dire, ou rien, à la propriété universelle des riches et même des pauvres?

Et les Bourbons, et les d'Orléans, et les Pairs de la Restauration, etc., que furent-ils, à leur tour, et comme Rois, et comme Fonctionnaires, et comme Émigrés, sinon des *expropriateurs*, encore plus odieux (puisque ce fut à la suite des Anglais, des Allemands et des Russes), de l'Empire, et des Français, qui les avaient si longtemps et si glorieusement vaincus ?

Et, après tous les autres, les d'Orléans, et leurs Pairs, plus inassouvissables encore, que furent-ils, que de nouveaux et derniers expropriateurs, et socialistes sans pudeur aucune ? Et MM. Laffitte et Périer, tant riches banquiers, n'avaient-ils pas, eux déjà, considéré la couronne, et les domaines de la couronne de la branche aînée, comme une sorte de *vol* ? — Et la cour des Pairs de Louis-Philippe, elle-même, n'avait-elle pas flétri plusieurs de ses membres les plus élevés, et même deux ministres, comme « les pires des voleurs » (on l'a dit jusque dans l'accusation, etc.) : les *concussionnaires?*—Et MM. Lamartine et compagnie, pauvres, et comme *faillis* propriétaires, eux, et les 900 à leur image et à leur suite, n'avaient-ils pas vu, d'abord (à moins de jouer sur les mots) des vols successifs dans les couronnes et les dotations accumulées des nombreux princes de la branche cadette?

Et, à présent, tous ces hommes, qui s'appellent *de l'ordre,* au prix de tous les désordres du monde, tous les *Conservateurs*, et surtout les plus ardents, les plus hardis, et les moins recevables à vociférer contre les Socialistes en herbe : et les ducs de Broglie, de Valmy, de Bassano , de Doudeauville, d'Harcourt, de Noailles, etc.; et les marquis d'Audiffret, de Boissy, de Ségur, etc.; et les comtes Molé, de Montalembert, de Saint-Priest, de Tocqueville, de Tracy, de Rémusat, de Salvandy, d'Haussonville, Beugnot, etc. ; et les vicomtes de Cormenin, Alban de Villeneuve, de Hauranne, de Melun ; et les barons Dupin et de Barante ; et les Guizot, et les Thiers, et les Passy, et les Barrot (il n'est pas même *chevalier*) tout courts, qui se suffisent à eux-mêmes ; et les *Immortels* universitaires ou *Académiciens* Cousin et Villemain : et tous les rentés sur les pauvres de l'État :...... les Droz et les Mignet, de l'Académie des sciences *morales ;* et les Premiers Présidents inamovibles, Portalis ; et les Procureurs-généraux éternels,.. Dupin ; et les derniers des Lafayette (Georges), et les premiers de la Piconnerie (Bugeaud) et leurs *Socialistes,..* aux *Bêtes...* : que sont-ils, sinon des *Socialistes satisfaits*, ou plutôt des socialistes anormaux,

qui ne se contenteraient guère de leurs parts égales dans une
curée nouvelle, et qui voudraient, de nouveau, de nouvelles
parts de lion !

Il ne faut guère s'étonner de la détermination, de la colère
(elle est la plus grande cause du *Choléra* divin) de ces hommes
rassasiés et blasés de noblesse, de fortune, de places, et, selon
eux , d'honneurs , et qui sait? de gloire ! Ils sentent (car ils
n'ont pas l'intelligence de savoir) : I° que leur fin est pré-
dite : *Quia dicis : Quod dives sum*, etc., Apoc. III, 17 ; II° que
leur heure dernière est venue, avec la première du Socialisme ; III° et qu'après tout le Socialisme n'en veut au fond,
et ne demandera compte constitutionnellement, qu'à eux.

Mais il est temps de sortir de cette fange d'arguments *ad
homines*, pour nous élever à l'Autorité du Ciel.

Le Christianisme de l'Homme-Dieu, qui passa 33 années
sur la terre à donner, et à faire donner, sans demander, sans
posséder rien jamais ; le Christianisme le plus pur, le pri-
mitif, n'est pas autre chose, après tout, que le plus parfait
des *Communismes*, et le secret de toutes les sortes de *communismes* : le *volontaire*, le réfléchi.

Et le Fils de Dieu lui-même ne disait-il pas aussi, toujours,
et de toutes les façons, dans ses paraboles, et même dans ses
plus expresses paroles : « La propriété, c'est comme le vol ? »
Seulement il ajoutait (et Proudhon lui-même affirme qu'il
ajoute aussi) : La reprise de la propriété prise, est un autre
vol. Et voilà pourquoi il voulut naître dans une étable
précaire, vivre d'une vie précaire, et mourir ayant un bon
larron à sa droite et un mauvais à sa gauche :... comme pour
enseigner à tout le monde, et à jamais, la presque impossibilité morale de la propriété la mieux acquise. Elle n'est vraiment légitime, elle n'existe même, qu'à la charge incessante,
mais toujours *volontaire*, d'être rendue en détail, et comme
appropriée raisonnablement à tout le monde.

Et la Providence, autrement *socialiste*, et même *commu-
niste*, que MM. Proudhon et Cabet, s'est comme vengée (*)
en trois jours, ou plutôt en un, et même en une heure, et en
un mot (celui de *Réforme*), s'est comme vengée de dix-huit
années d'usurpations, de rapines et de vols publics avérés.

(*) Et Elle se réservait de frapper, le premier dans la seconde *Législative* (et
comme du même coup avec le dernier des Lafayette, devenu *royaliste*), le
grand *pourfendeur* réel du savant Dulong , et le grand pourfendeur *in petto* d.s
républicains de tous les pays. Et surtout de ces *derniers Romains* que la royau é
et les richesses des successeurs des apôtres nés et morts pauvres a indignés comme nous ; et , si nous osons le dire, comme saint Pierre et saint Paul, et Jésus-
Christ lui-même ! Le dernier mot public de Bugeaud sur son lit de mort, à la nouvelle prématurée de la prise et de la chûte de Rome par les Français, a 3 u.
Nunc dimittis servum tuum caricatura.

                                                        *

A ce point, que l'or et même l'argent sont rentrés en *trésors* dans la terre : que le discrédit est universel dans toutes les propriétés fictives, et même dans les immobilières, et que tout l'or de la Californie elle-même ne fera que multiplier et mettre à son comble la pauvreté universelle.

Et longtemps avant Victor Hugo et Proudhon, et Hobbes et Diderot leurs maîtres, tout le monde dans l'Eglise, et surtout les Pères, avaient dit, TOUS, et en toutes lettres : l'*Avarice, c'est le Vol*; et la *propriété* elle-même, c'est encore cela.

Nous ne cherchons pas, nous prenons, les premiers Pères et les premiers textes venus.

Et saint *Jerôme :* « Si tu possèdes quelque chose au delà de ce qui t'est nécessaire pour te nourrir et te vêtir, donne-le, et sache bien que *tu le devais :* Si plus habes quàm quod tibi ad victum vestitumque necessarium est, illud eroga, *et in illo debitricem esse te noveris.* (AD HEDIB.)

Et saint Ambroise : « Celui qui ne permet pas que tu dises : Je donnerai demain, comment te permettrait-il de dire : Je ne donnerai pas ? *Tu ne fais pas largesse au pauvre de ton bien, mais tu lui rends du sien...* C'est une dette que tu paies ; c'est une libéralité qu'il te plaît de faire. Aussi l'Ecriture dit-elle : « Tourne ton cœur vers le pauvre et paie ta dette; » et ailleurs : « Le crime est le même de prendre à celui qui a, ou, quand tu peux et que tu abondes, de refuser à l'indigent. Il est aux affamés le pain que tu retiens, à ceux qui sont nus le vêtement que tu enfermes. C'est la rédemption et l'absolution des malheureux cet argent que tu enfouis. Sache donc que tous les biens que tu pourrais communiquer, si tu le voulais, c'est les envahir : Non de tuo largiris pauperi, *sed de suo reddis... Debitum reddis, non largiris indebitum,* ideoque dicit Scriptura : Declina pauperi animam tuam *et debitum tuum* (DE NABUT.) Neque enim minus est criminis habenti tollere, quàm, cùm possis et abundes, indigentibus denegare... Miserorum redemptio est et absolutio pecunia quam tu in terram defodis. *Tot te ergò scias invadere bona quot possis præstare quod velis.* (SERM. 81.)

Et saint Basile est encore plus formel, dans son *de Avaritid :* En quoi consiste l'avarice ? A ne se pas contenter de ce qui doit suffire. Et le péculat ? A rapporter à soi seul ce qui est à tous. Et tu n'es pas avare, tu n'es pas coupable de péculat quand tu t'appropries ce que tu as reçu pour en être le dispensateur et le distributeur ? Est-ce qu'on appellera celui qui dérobe un habit *un voleur,* et si quelqu'un n'a pas vêtu un homme nu, le pouvant, il méritera qu'on cherche quelque autre nom à lui appliquer : Quis, quæso, est avarus? Ille qui eo quod satis esse debet non est contentus. Quis vero peculator ? Ille qui ad se unum transfert quæ sin-

gulorum sunt... *Non tu peculator*, cùm ea quæ ad dispen-
sandum distribuendumque receperis tibi propria facis?
*Num qui vestem diripuerit spoliator nominabitur : qui autem
nudum non texerit, modò possit, alterius cujusdam nominis
appellatione dignus erit ?*

Et saint Chrysostôme, dans ses *Homélies sur saint Matthieu :*
« Ce qui est surtout vivre, c'est d'être utile aux autres. Car
celui qui vit pour soi seulement, sa vie est une superfétation,
et lui-même est superflu ; il n'est pas même un homme, il
n'est pas de notre espèce. » On est *coupable de rapine* si l'on ne
distribue pas une part de ses propriétés. Ce que je vous dis
là vous étonne peut-être, mais j'en appelle en témoignage
les divines Ecritures, et je vous répète que ce n'est pas seulement à prendre le bien d'autrui, mais encore à ne point
partager le vôtre avec autrui, qu'*il y a rapine et vol et spoliation.* C'est ainsi que le Seigneur, accusant les Juifs par son
prophète, leur dit : *La terre a donné son revenu, et vous
n'avez pas payé la dîme : le bien volé du pauvre est dans vos
maisons :* Vos enim depasti estis vineam, et rapina pauperis
in domo vestrâ. Isaï, III, 14. Parce que, dit-il, vous n'avez pas
fait les offrandes accoutumées, vous avez *ravi ce qui est
au pauvre.* En parlant de la sorte, il déclare aux riches qu'ils
possèdent les biens des pauvres, alors même que ces biens
leur seraient venus de l'héritage paternel ou qu'ils auraient
amassé de l'argent par d'autres voies, quelles qu'elles puissent être. L'Ecriture dit encore ailleurs : *Ne spolie point la
vie du pauvre.* Or, spolier, c'est enlever le bien d'autrui ; car
on dit qu'il y a spoliation, lorsque nous retenons le bien
d'autrui, que nous avons reçu. Apprenons donc par là que
quand nous n'aurons pas fait l'aumône, nous serons mis au
nombre des spoliateurs et punis du même supplice : Siqui-
dem et hoc rapina est non impertiri de tuis facultatibus...
Testimonium proferam dicens quod non solùm rapere aliena,
verùm etiam *tua non impertiri cæteris et rapina sit et frau-
datio et spoliatio... Ne spolies vitam pauperis ;* qui verò spo-
liat, aliena tollit. Nam spolatio quædam dicitur cùm aliena
accepta detinemus. Propter hoc igitur discamus quòd quo-
ties eleemosynam non præstiterimus, *pari cum his qui spo-
liant supplicio afficiemur.* »

Et tous les Docteurs de l'Eglise, et tous les moralistes (*), et

(*) Les *Economistes* proprement dits (et il y en eut toujours) sont une classe de
moralistes à part, qui méritent une mention à part : car, s'interposant entre le
clergé *sermoneur* et les Philosophes libres, ils voulurent essayer, par des moyens
humains, la réforme et la moralisation du peuple, que les ecclésiastiques deman-
daient presque toujours en vain, et que les Philosophes ne croyaient pas possibles. Dans les grandes choses, c'est déjà grand que de vouloir. Boisgilbert et
Vauban, parvenus d'une pauvre noblesse de Bourgogne, entrèrent les premiers

tous les Ascétiques principalement, dans les Ordres les plus
relâchés (aussi bien que les illustres militans populaires
Gerson et Richer), ne disant, et ne développant pas autre chose,
dans leurs *Traités de l'Aumône;* et tous les Prédicateurs, dans

dans cette carrière ; mais c'était encore en Sully, duc de Rosny, pour demander
une *dîme royale;* c'est-à-dire, en dernière analyse, le *quart* du revenu net !—
En sorte que les premiers *économistes* vrais n'écrivirent qu'au XVIIIe siècle, et
précisément lorsque les enrichissements des grands, et les appauvrissements,
les *amortissements* et les *main-mortes* des *manants* et des *attachés à la glèbe,*
étaient concurremment à leur comble, sous le triple empire des d'Orléans, des
Pompadour, et des Voltaire.

Comme le motif et même le principe étaient bons, ce fut un homme du
peuple qui, le premier, s'était tenu comme en épreuve et en réserve pour être à
la tête du nouvel ordre d'Amis de l'humanité. Le célèbre Quesnay, venu au
monde au plus petit village et dans la plus petite maisonnette de culture des
environs de Paris, ne savait pas même lire à l'âge où Montesquieu et Voltaire
avaient fait leur rhétorique chez les Jésuites de Louis-le-Grand. Et le voilà un
jour savant naturaliste; écrivain renommé ; appelé à la Cour, premier médecin
du Roi; auteur du *Gouvernement le plus avantageux au Genre humain* ; Chef
des Economistes, et jalousé de Montesquieu et de Voltaire; par un rare privilége,
cher et glorifié à la ville comme à la Cour durant de longues années; et mourant
enfin dans les glorifications des Académies, et même de la haute noblesse. Se
survivant après 1789 dans toute une suite d'hommes supérieurs à part qui l'appe-
laient leur maître. Depuis, et sans excepter l'abbé de Saint-Pierre et J.-J. Rousseau, Boncerf et Turgot, jusqu'à Mercier de la Rivière et le marquis de Mirabeau, (le premier, dont l'*Ordre essentiel des sociétés* est supérieur à l'*Esprit des
lois*; le second, autant *Ami des hommes* que le Comte son fils en était l'adversaire
(il mourut un jour de 1789, en lisant une lettre de son apostasie); et depuis Dupont de Nemours, l'ex-garçon horloger comme Beaumarchais, qui se consacra
aux œuvres de Quesnay, et présida l'Assemblée Constituante, jusqu'à Saint Simon et Fourier, les plus mémorables de tous ; Oberlin, le civilisateur du *Ban
de la Roche* dans les Vosges; Laffon de Ladebat, etc., et MM Delessert (les religieux auteurs du *Guide du bonheur* (*Prières*), de la *Société de morale chrétienne.*

Cependant, l'Angleterre elle-même semblait, en économie politique, se mettre
à la suite de la France. Le premier et le plus fameux de ses économistes, Adam
Smith, venait voir et étudier de près Quesnay. Et comme à son retour, il donna
le branle, qu'il neutralisa bientôt par sa fortune : à ce puissant Priestley, qui, de
simple petit marchand, finit par faire aller de front toutes les sciences et tous les
soucis du pauvre; à Francklin, à Howard, à Rumfort, à Wilberforce, autres
hommes du peuple à aimer le peuple; à Jérémie Bentham lui-même, qui
s'annonça dans l'*Esquisse d'un Livre en faveur des Pauvres.*

Les autres prétendus *économistes* étrangers ou français sont plutôt les hommes
du *capital* et de l'*intérêt* du riche, que ceux du *pain* et du *vin* des travailleurs.
La plupart richissimes, et même courtisans. Sortes de *Sénèques* au petit pied,
composant des traités *de la Bienfaisance* sur la tyrannie et la ruine publiques:
depuis Malthus et Colquhoun, le marquis de Beccaria et le juif Ricardo, et
même Robert Owen, jusqu'à nos *comtes* et *pairs* Garnier (éditeur et commenta-
teur de la *Richesse des nations*, c'est-à-dire des *Rois* et des *Pairs*); et Rossi, dont
le *Cours d'économie* était *politique* en effet.

Les derniers *économistes* royaux, plus nombreux que jamais (les *Philosophes*
et les *poètes* étant devenus impossibles), les Passy, les Faucher, les Michel Chevalier, les Raybaud, les Wolowski, et même les Say, sont de plus en plus odieux,
en présence des économistes populaires : car, en vérité, leur philanthropie semble
un commerce comme un autre, et bien moins innocent que n'était celui des
Théophilantropes du bon La Réveillère-Lépaux.

Quoi qu'il en soit, tous les économistes ensemble ont, pour les excuser, les

leurs *Sermons*, à n'en plus finir, sur la *Charité*. Voyez-en seulement un seul, et du moins suspect, le Bourdaloue de la *Compagnie* et de la clientelle les plus riches (il a fait jusqu'à sept sermons contre eux) : celui où il justifie, si pleinement et si démonstrativement, ces paroles de saint Jérôme, qui, dites en français, sans son nom, feraient *courir sus* l'auteur, bien autrement que le *la propriété, c'est le vol!* sur Proudhon : « TOUT riche (et Bourdaloue prouve que tout le monde l'est) « est ou un homme inique, ou l'héritier d'un homme inique : « *Omnis dives, aut Iniquus est, aut hœres Iniqui.* »

Nous l'avons déjà dit, il est juste, et à propos ici, de le redire, les seuls *Solitaires* de Port-Royal, unissant, autant que possible, l'austérité et la science, firent peut-être plus de bien en secret par leurs seuls *Essais de morale*, et leurs opuscules contre l'*usure* et le *commerce*, le *luxe* et les *spectacles*, que tous les *Sermonaires* ensemble, se copiant et se répétant à l'envi, de leurs plus célèbres émules !

Seulement, la grande majorité des ecclésiastiques, et surtout les riches et les Prélats du Clergé, les prédicateurs et les apologistes de l'appauvrissement et de la pauvreté, n'ont pas commencé par accomplir leurs paroles, et par joindre la pratique à la théorie. La plupart des ecclésiastiques dévoués à l'humanité ont plutôt *fondé* (c'est-à-dire attaché à *la terre* et à l'argent!) des Ordres religieux, comme pour eux, que des Etablissements de charité pour les autres. Ils ont ensuite plutôt fait fonder, que fondé personnellement (*); plutôt imploré

Ecclésiastiques, qui se montrent impuissants à procurer le bien-être du peuple. Le clergé, lui, pour s'excuser, n'a personne, et le Pape-roi, moins que tout autre.

(*) Et ici, comme ailleurs, les enrichis du peuple sont toujours plus généreux; et généreux à temps, que les riches même du grand monde. Un maçon de Rome, appelé, et pour cause, le *Papa Jean*, a fait à la fin du XVIII° siècle tous les honneurs de la charité publique, et a mis comme à ses ordres le cardinal Michel de Pietro et Pie VI. Et on a vu de nos jours encore à Paris un fondeur, Michel Brézin, employer jusqu'à 5 millions à l'établissement superbe sous le nom délicat d'*Hospice de la Reconnaissance*. Ce qu'on donne aux pauvres est en effet comme ce qu'on donne à ses père et mère, on ne fait guère que le leur rendre.—Michel Boulard, tapissier enrichi de Paris, a fait un testament aussi sublime que celui de Monthyon est vain. (Et, pour faire voir et admirer la secrète supériorité de l'enrichissement de ce qu'il y a de plus vil dans le peuple sur ce qu'il y a de plus princier, Majours, de Brives, donnant à sa ville l'opulente succession du fameux maréchal Brune; et jusqu'à l'héritier de la *Feuchères* des d'Orléans, se dépouillant *entre vifs*, en faveur des pauvres de Paris et de Nismes, d'une plus énorme, et plus criante, et plus sanglante encore, succession).—Plus éminents encore, Etienne Girard, enfant pauvre de Bordeaux, né borgne (et de l'œil droit) embarqué mousse à 14 ans en 1764, pour l'Amérique, où il mourut en 1830, nonagénaire. *Jacques Cœur nouveau*, plus que Jacques Cœur, négociant et marin, armateur modèle, arrivé sans le savoir, et sans le vouloir, à une fortune plus que royale de 75,000,000, n'en laissa que le 75° à sa famille ! — Son compatriote, enrichi comme receveur général, banquier et conseiller du Roi, le fameux *Beau-*

ou sollicité, que donné. Lorsqu'ils ont donné, ou fait donner,
ça été, le plus souvent, à la mort, et par testament, lorsqu'on
ne pouvait plus garder. On appelait cela, ce qui n'était pas
vrai : *Faire son Ame héritière.* C'est là l'histoire de toute la
Bienfaisance ancienne, et surtout de la moderne ; et de toute
la Chrétienté et de toute l'Italie, comme de la France..... Les
Odescalchi, les plus riches Cardinaux et Princes de Rome ; les
Shrewsbury, les premiers et les plus riches Comtes d'Angleterre ; les Penthièvre, même de Paris, ont fait, ou font encore,
nous le savons, des dons et des constructions catholiques
grandioses ; mais elles sont, la plupart, en pure perte : car,
plus elles semblent énormes, et plus elles font croire à des
opulences intérieures infiniment plus énormes encore ; et, en
définitive, les vertueux Penthièvre aboutissent aux brigands
Egalité, leurs gendres !

Les charités des derniers grands seigneurs du jour se ré-
duisent aujourd'hui aux *Caisses d'Epargne*, apauvrissantes des
pauvres, des Larochefoucauld Liancourt ; et aux humiliantes
Salles d'*Asile*, de nos Marquis de salon.

Les objections, ici, comme en toute matière, ne sont que des
preuves transformées de la vérité. « Jugez, dit-on, des socialistes, de leur impuissance, de leur danger par eux-mêmes :
ils sont divisés déjà ; ils se diffament même. » Je ne sache
pas de plus grande preuve de leur bonne foi, et même de leur
victoire. Leurs adversaires, leurs ennemis, quelques-uns ou
quelquefois implacables, et la majorité du Clergé avec eux, et
à leur tête, n'en sont guère là. Voyez, tout rivaux, tout exclusifs, tout haineux qu'ils sont les uns des autres, voyez comme
ils s'entendent (*) et sont *compères* ! contre ce qu'ils croient

---

jon, lui avait comme frayé le chemin dans la fondation de l'*Hospice* de son nom
et de la maison pour l'*Education chrétienne des enfants pauvres.* — Et, dans
l'ordre clérical, c'est le fils d'un pauvre cultivateur de village, nommé *Bras*,
Cottolengo enfin, qui a conçu et exécuté, presque seul, à Turin, l'Hospice modèle,
et que tous les philanthropes vont étudier, au titre de *Petite maison de la Providence.* Ce que Cottolengo a fait en Piémont, l'aussi simple, l'aussi pauvre, Triest,
surnommé le *Vincent de Paul Belge*, l'a fait à Gand, dans tous les Pays-Bas,
et sur tout le Rhin.— Cependant, un brasseur de Namur, élevait le Beau *Collége*
de la Paix.

Dans le fait, il y a un beau *Livre* à faire, *le plus utile aux mœurs des grands,*
encore mieux qu'à celles du Peuple, et seul digne de tous les millions *Monthyon* : c'est le livre qu'on pourrait intituler : *Les grandes Vertus des petits* à l'u-
sage des grands. Ce serait la *Morale en action* par excellence. Le sage et modeste Bérenger, de Lyon, le contraire de celui *de la Drôme*, et de celui de Passy,
n'a fait que le commencer en 1787, dans son *Peuple instruit par ses vertus.*

(*) Et même vous voyez tous les conservateurs divisés aussitôt qu'unis. A ce
point, que le chef de l'une de leurs fractions (la seule même qui ait quelque
peu d'importance, et d'influence, car elle est quelque peu religieuse et innocente),
M. de Lourdoueix, appelle tous les jours cette *union* : *Gâchis*, dans sa *Gazette de
France*, journal de l'appel *au Roi*, sous le titre imposteur d'*Appel au Peuple* ;

l'ennemi commun ! Si le 10ᵉ seulement des républicains socialistes (ils sont, dans le fait, 80 peut être sur 100 électeurs),
s'entendaient, on ne trouverait plus seulement un *Royaliste*,
et encore moins un *Prétendant*, qui s'avouât !

Lorsqu'on parle de l'*impossibilité* du socialisme, et qu'on se
console ou s'étourdit avec elle, on se refuse encore mieux à
l'évidence : car les meneurs, c'est-à-dire les menés du peuple,
et ceux mêmes de la noblesse et de la royauté, ont fait des choses bien autrement difficiles que la terreur et la révolution
de la propriété. Ils ont fait la Terreur et la Révolution de la
vie. Et ils y avaient préludé même avant, comme ils l'ont cou-
ronnée après, par l'abolition générale des fonctions les plus en-
richissantes et les plus inamovibles ; par la confiscation des
plus grandes et des plus sacrées propriétés civiles : les politiques et les religieuses. En sorte que les premiers pas, les pas
de géant, sont faits, sont accomplis depuis plus d'un demi-
siècle, dans le socialisme. Ils ont même été confirmés, tour à
tour, par les constitutions des empereurs, par les chartes in-
dividuelles des rois, par les saintes-alliances des souverains,
par les concordats des Papes. Et ils ont été rendus plus sûrs,
et leurs suivants plus faciles, par la seule loi et le seul fait
qu'on leur ait opposés : l'*Indemnité des émigrés ;* car, là , ou
nulle part, *la propriété, c'était le vol ;* et le vol, avec toutes les
circonstances aggravantes : la *qualité* des voleurs, convaincus
du crime de lâcheté et de fuite, si ce n'est celui de perfidie :
leur arbitraire, dans la prétention et dans la répartition ; leur
vengeance ; la qualité et la quantité à la fois, l'universalité
même des victimes : toutes, et surtout les pauvres, innocentes,
et la plupart peut-être déjà victimes elles-mêmes, directement et indirectement, des premières expropriations.

Le premier effet de l'inique indemnité des émigrés... coupables, et de l'indemnité du plus Criminel des émigrés, encore
plus que des cumuls universels, autres *propriétés volées*, a
été la révolution de 1830, en faveur de ce Criminel ; le second
effet de cette indemnité, en même temps que des cumuls, fut
la révolution de 1848-50, contre les deux dynasties *compères*
ou complices ; leur dernier effet, leur accomplissement final,
si on ne sait le prévenir, sera évidemment une République
telle, qu'elle n'aura plus rien à redouter jamais d'aucune sorte
de roi ; un changement même, un renouvellement de la propriété, tels, que les anciens tribuns des anciens peuples n'en
avaient pas même la pensée. La loi agraire catholique aura
lieu enfin, de gré ou de force, constitutionnellement ou mili-
tairement, en ce siècle, précisément parce qu'elle a été de-

et qu'en définitive ce bon homme et ce mauvais journal se font de plus en plus
socialistes. A ce point encore, qu'ils disent, dans leur numéro du 4 janvier : « Les
Vendéens, à la vue des blancs devenant *bleus*, se font rouges »

mandée et manquée dans tous les siècles. Elle s'accomplira,
par le *Christianisme nouveau* ou renouvelé (il nous faut du
nouveau, n'en fût-il plus au monde), mille fois plus naturellement, et plus facilement, que ne s'est accomplie dans les premiers siècles , par le *Christianisme enfant* , l'expropriation
païenne ou romaine universelle. Et l'on verra enfin ce qui ne
s'est jamais vu, précisément parce qu'on ne l'aura vu jamais.

« Les Socialistes, après tout, eu égard à l'immensité des propriétaires et des amis de l'*ordre*(*) existants, sont, dit-on, en petit nombre, et le *suffrage universel* l'a prouvé à plusieurs reprises ? » Ils devaient, en effet, comme tous les réformateurs,
comme toutes les sortes de *protestants*, bons et mauvais,
commencer par paraître, et même par être, en *petit nombre*.
Saint Jean-Baptiste fut d'abord *seul*; puis, saint Pierre ; puis,
saint Étienne; puis, saint Paul. — Et, de leur côté aussi,
pour ne parler que des derniers temps. ont paru seuls, tour
à tour, et dans un ordre logique parfait : le Luther, des prêtres; le Bayle, des laïques; le Voltaire, des grands; le Rousseau,
des petits; le Robespierre, des révolutionnaires; le Bonaparte, des Réacteurs populaires; et enfin le Louis XVIII, des
Réacteurs aristocrates. — Le Socialisme, comme toutes les
grandes choses, bonnes ou mauvaises, ne saurait avoir de
grands commencements visibles. Il en est de lui, comme de
l'heure : on ne la voit pas incessamment marcher, on l'entend
sonner. Et déjà il a sonné. Sa voix, populaire, et même aristocratique a tonné son tonnerre, plus d'une fois depuis
février 1848, sur la place même de ses exécutions, en présence de Lamartine lui-même, qui a dit : « La propriété,
c'est Dieu, » et qui a fait chorus avec lui ! — Et depuis, la majorité, la grande majorité des journaux, seuls puissances,
seuls Rois des Rois, seuls esclaves des peuples, se sont faits,
ou plutôt se sont constatés Socialistes ; concurremment, et
même à la suite de la *Réforme*, de la *Démocratie*, de la *Voix
du Peuple*, de la *République : le Courrier*, la *Liberté* et le *National*, d'abord ; puis, le *Siècle* et l'*Ordre ;* puis, l'*Evénement*
et la *Presse* (**) ; et enfin le *Crédit* et le *Pays*. Et le *Constitutionnel* de *Sue*, et la *Gazette de France* elle-même, et l'*Univers* (***)

(*) Amis de l'*ordre*? c'est amis de l'*or* qu'il faut dire. — Ces MM. se nomment
aussi *Conservateurs*..... A l'encontre de ceux que le Sauveur appelait : *Conservi*
(v. SAINT PAUL, *Passim*).

(**) V. l'*Abjuration* de la *Presse le* 13 *février* 1850. Nous avions *prédit* à
Emile *de* Girardin, dès le mois de *mai* 1848, et dans la *Presse Prophétique*, qu'il
serait, et *bientôt*, et par la *Presse Prophétique* elle-même, encore plus démocrate
qu'il n'était alors *Philippiste*.

(***) Veuillot, fils d'un tonnelier de Tonnerre, comme Cabet d'un de Dijon, et

sont prêts. Restent arriérés, modérés, pâles, craintifs, c'est-à-dire Socialistes par excellence, les *Débats* et le *Dix Décembre*.

A ce train, comment le socialisme religieux et raisonnable ne triompherait-il point? Il a pour lui les prolétaires et les pauvres, qui sont en majorité de têtes, en monopole de bras sur la terre : les bons pauvres, parce qu'ils ont la crainte de Dieu ; les mauvais, parce qu'ils en ont le sens intime. — Il a pour lui, aussi bien que l'abolition de la propriété du Prêtre, a pour elle, nous le verrons à part, les plus grands hommes, les plus habiles logiciens, et les plus profonds théologiens de l'Eglise, dans toute la suite des siècles.—Il a pour lui les enfants qui viennent, et les Rois qui s'en vont. — Il a pour lui DIEU, car il a, contre, le *Pape-Roi!* Et voilà le secret du fait actuel le seul mémorable et le plus naturel : Proudhon, à la fois Peuple et Roi, Dieu et Diable ; trônant... à la Conciergerie, ayant à ses ordres, au nom et à la *Voix du Peuple*, tous les procureurs généraux et tous les premiers présidents.

Quoi qu'il en soit, et en résumé, et en conclusion, le Socialisme, bien compris, et réduit d'abord à la seule répartition sage des seules richesses annuelles du trésor, et des seules places vulgaires du gouvernement ; et surtout à la diminution, de moitié au moins, de tous les salaires et de toutes les pensions, est une nécessité, et la plus grande nécessité, de l'époque. C'est la condition *sine quâ non* de l'ajournement indéfini d'une crise immense. Et cette condition est encore plus facile qu'impérieuse : elle ne dépend, en effet, que d'UN HOMME ; et cet homme, c'est Pie IX ; — d'UN MOT ; et ce mot, c'est : « *Je ne suis plus Roi!* car, à ce mot, sans réplique (et INFAILLIBLE celui-là !), tous les Clergés de la chrétienté, éprouvant une révolution en eux, feraient des restaurations autour d'eux.

Mais l'unique *mot* ne sera pas dit, sans doute : car il faudrait que l'*Homme unique* et le *Roi des Rois* du jour, au lieu de laisser mettre à l'*index* le livre de *la Grande Apostasie dans le Lieu Saint,* s'en fît peut-être un *Evangile*, ainsi qu'il est dit dans l'*Apocalypse* de saint Jean ; et le mît à l'ordre universel du jour, par une dernière *Encyclique* qui effacerait toutes les autres... Et c'est dans cette prévision terrible que nous avons publié « la *Feuille Prophétique du Triomphe du Socialisme* par les hommes d'Etat mêmes qui, après en avoir invoqué le *Principe* à leur profit contre les Rois en 1848, dans le *Suffrage universel*, et en le proclamant comme article-premier dans leur *Constitution* (et les trois dynastiques divers eux-mêmes en sont là dans leurs *prétentions*), s'arrogent d'en arrêter les *conséquences*, à leur profit toujours. »

Et depuis, dans l'*Almanach de Dieu*, « seul prophétique et

Proudhon d'un de Besançon, est un Socialiste aussi déterminé qu'eux. Seulement, il est contenu par les Pharisiens, et ses confrères sont libres.

perpétuel , » (publié, et pour cause, à un très petit-nombre ,
pour 1849, et qui paraît en ce moment pour 1850) : « Toutes
les choses *fameuses* qui ont été demandées, criées, ressassées
en France, de 1750 par exemple jusqu'en 1850, ont fini par
triompher, et surtout de leurs défaites apparentes : — la *Liberté de la presse* ; — la *Publicité des débats* judiciaires, etc. ;
— le *Gouvernement représentatif* ; — la *Révolution* ; — la *Réforme* ; — le *Suffrage universel* ; — l'abolition de *la Mort*.

« Le *Socialisme*, et jusqu'au *communisme*, auront lieu en leur
temps.— D'autant plus sûrs, qu'ils sont plus mal comprimés.

« L'Apocalypse elle-même, et surtout, l'annonce formellement
comme l'*ultimatum* matériel de la colère de Dieu contre les
égoïstes (et la plupart des pauvres *propriétaires* sont cela) ;
et il l'annonce, et précisément à l'âge où nous sommes, sous
le nom, si propre, du *plus grand tremblement de terre* qui
aura été jamais : *Et terræ motus factus est magnus, qualis
nunquam fuit.* XXI, 18.

« Et pourquoi le droit de *propriété*, celui surtout de *dona-
tion*, de *testament*, et de *succession* seront-ils châtiés? parce
qu'au lieu de se dévouer à la mort, et surtout durant la vie,
à la propagation et à la glorification du très-petit nombre,
d'abord des génies vrais et des LIVRES CONVERTISSANTS,
et puis des VERTUS CONVERTISSANTES , tous les propriétaires à l'envi se seront complu à se glorifier et même
à s'enrichir encore, eux d'abord ; et, à leur défaut, leurs pa-
rents, le plus souvent trop riches déjà, et les plus indifférents
à la gloire de Dieu et au bonheur vrai de leurs semblables.

« Pourquoi, en un dernier mot, la *propriété* sera-t-elle de
plus en plus châtiée? parce que nos hommes qui sont les
plus *représentatifs* de tous les autres, ne *représentent* guère
que leur cupidité. M. de Lamartine, par exemple, a fini sa
session de 1848 par la mise de *la propriété* à la place même
de... Dieu. Il a dit, en effet, à l'assemblée, dans son *discours*
de résurrection du 6 *septembre*, comme faisant suite au *bilan*
de sa fortune dans les *Trois mois de pouvoir* (il est vrai que
ce fut aux *rumeurs* prolongées de l'Assemblée elle-même !) :
« *Oui, j'Adore* la Propriété. » — Ce que le Sauveur avait prédit, en saint Luc, XVI, 13. »

Il arrivera donc, comme nous l'avons ajouté, il arrivera
le *tremblement du sol*... de l'Etat lui-même ! « Il est infaillible, si on ne le prévient point par le moyen que nous avons
dit. Et voici l'invincible logique de son annonce et de sa venue : — La propriété immobilière, et par conséquent la mo-
bilière la plus grande (à plus forte raison la petite) *décrois-
sant* de valeur et de produit de crise en crise, doit se trouver
bientôt impuissante, même matériellement, à payer l'impôt
croissant, au contraire, toujours. — Et l'Etat, sans l'impôt

libre, et surtout avec l'*impôt forcé*, ne saurait jamais que
faire banqueroute.—Il est représenté aujourd'hui, en grande
partie, à l'Assemblée, par les plus odieux des parvenus, ceux
qui étaient riches déjà. — Il n'aurait, pour exiger, que *la
force* (qui lui échappe de plus en plus, et qui le rend odieux)
de l'Armée, née pauvre, et de la Garde Nationale, née cupide, et frappée à la fois par l'impôt et par la crise com-
merciale.

« L'Etat, le plus riche en apparence, n'est pas autre chose,
après tout, que le plus pauvre des Bânquiers : car il n'est riche que de *la foi* qu'il inspire. Plus il est ancien, plus il est
cru. Plus il est nouveau, plus il a d'incrédules, surtout dans
ses flatteurs. Il est jalousé, il est haï, il est menace par ses anciens amis, encore plus que par ses adversaires. — MM. Gan-
neron, Gouin, etc., eux-mêmes, qui n'avaient que des amis
et des *croyants*, n'y ont pas tenu un mois !

« Plus l'embarras du Trésor est ajourné, plus il est sûr... »

Et le Clergé de France, en général, à l'état d'Apostasie, ou
de sommeil et d'*intérêt* temporel,.. qu'il croit *désintéressé*
peut-être, ne sera que la première victime de la ruine qu'il
n'aura pas su prévenir.

Trois seuls de ses membres mémorables, Lamennais,
Chantôme et Cazalès, ont cherché à concilier le christianisme et le socialisme. Et voilà les Evêques, les Archevêques
et le Pape, et les *Saints-Offices* royaux, aux petits et aux
grands pieds, qui fulminent *indistinctement* contre eux.

Autre résumé plus général : La *royauté*, orgueil incarné ;
la *propriété*, avarice incarnée, causes premières de la *luxure*, etc., et de toutes les sortes de *luxe*, fléaux par excellence,
suscitent, rendent nécessaires tous les autres fléaux : les
procès, pires que les duels ; la *justice*, pire que les procès ;
les *armées*, pires que les guerres ; les *monopoles*, les enrichissements, pires que le vol ; le *luxe*, pire que la misère ; la
souffrance universelle, pire que le choléra ; et, finalement, les
schismes, pires que les philosophies ; le *faux christianisme*,
pire que le judaïsme ; le sacerdoce salarié, ou indifférent,
pire que l'apostat ; la papauté reine, pire peut-être que la
papauté libertine ; et la fausse paix, pire que les révolutions.

A toutes ces lois, et à tous ces faits développés et démon-
trés dans le Livre de *la Grande Apostasie*, on est rigoureusement amené à dire, que les plus larges républiques, ne faisant
que rendre les amas d'or et d'orgueils plus difficiles, et même
impossibles, seraient véritablement les meilleures, si elles
étaient sérieuses. Mais les républiques d'Amérique elles-mêmes, ne sont guère que des monarchies anglaises retournées.
En France, la République de 1848-50 est encore mieux un
Royaume (il n'est pas même déguisé) qui attend des Rois, les-

quels seront déguisés comme elle; et l'Esprit-Saint l'a caractérisée et même *nommée,* dès il y a 4000 ans : Idolorum potentiæ
Députantes volunt... claudere oram laudantium te, Domine...,
ut prædicent *carnalem Regem.* ESTER. XIV. — Comme il avait
caractérisé et flétri les *Rois* eux-mêmes, et à jamais , dans le
1er Livre de leur nom : « En demandant un Roi, dit le Seigneur , c'est moi qu'ils rejettent, afin que je ne règne point
sur eux : *Abjecerunt Me, nè regnem super eos.* » VI.I , 7. — Et
quand demande-t-on un Roi ordinaire ? Jamais que lorsque
le Prêtre a voulu lui-même être roi ! ce qui advint précisément
aux enfants de Samuel : *Declinaverunt post avariciam, ac-
ceperuntque munera.* Et il en fut des quarante Rois d'Israël
et même de Juda , comme de leurs Prêtres en général.
TOUS (c'est l'Esprit-Saint qui parle), *tous* péchèrent, *tous*
méprisèrent même la crainte de Dieu ; et *trois* seulement firent pénitence : *Præter David ,* et Ezechias , et Josiam , OM-
NES *peccatum commiserunt ; et contempserunt timorem
Dei,* etc. ECCLI. XLIX , 5 , 6.

Et c'est alors que se réalisent, dans toute la suite des siècles , et surtout dans les derniers , ces magnifiques et im-
mortelles paroles (*) du plus Grand homme à la fois du Peuple
et de Dieu dans l'ère nouvelle : Pierre Michel, nommé par
la Révélation *Sthrathanaël.......* :

« Oui, quand les Temples sont fermés, quand les Prêtres
sont rentrés dans le goût et dans les usages du monde, quand
ils oublient Celui qui s'offre sans cesse , et, qui veut être sans
cesse offert,... il y a d'autres prêtres, d'autres rois qui ont le
droit de pénétrer *spirituellement* dans le désert du Temple. »

(*) Dans sa simple *Réponse* de simple homme du peuple, toute resplendissante
de barbarismes et de sublimités (que serait-ce si vous entendiez le *Monstre* ....
Sthrathanaël?), à un ouvrage nul(l'incapacité aujourd'hui est la pire des hérésies ,
ntitulé: *Les nouveaux Illuminés de l'OEuvre de la Miséricorde,* convaincus d'ex-
travagance et d'hérésie, par l'abbé Caillau, Docteur en Théologie; des *Prêtres de
la Miséricorde,* au titre de l'*Immaculée Conception.* » Ledoyen, Palais-National, 1850.

www.ingramcontent.com/pod-product-compliance
Lightning Source LLC
Chambersburg PA
CBHW051004060726
47593CB00017B/1023